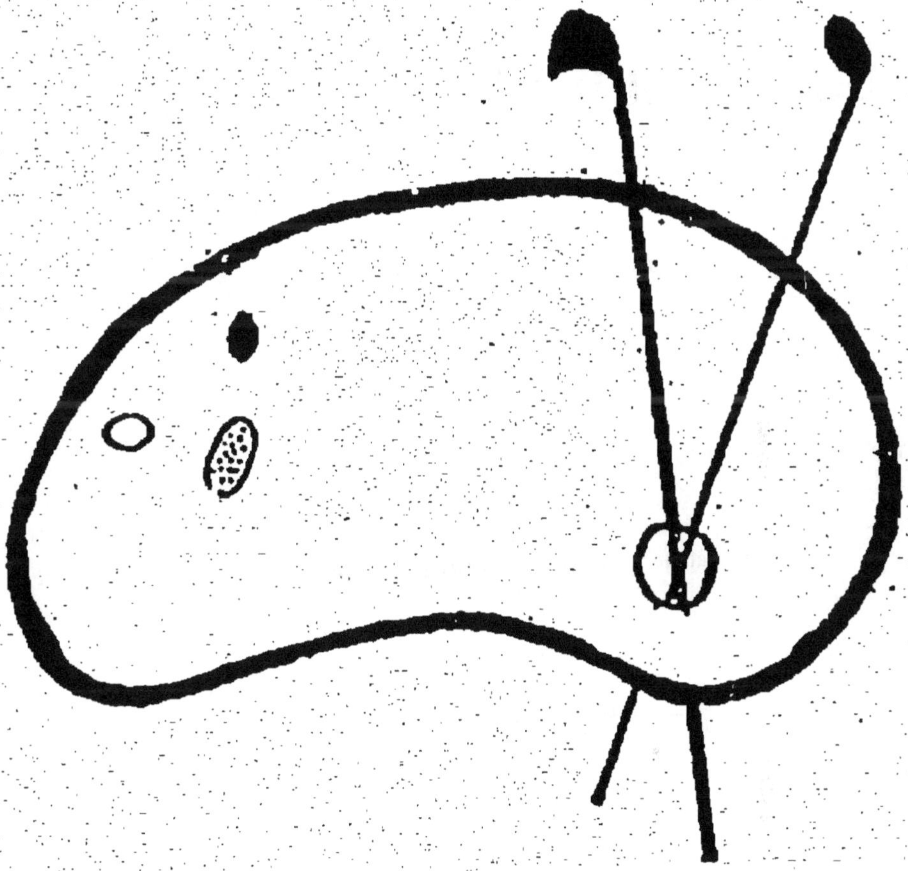

DEBUT D'UNE SERIE DE DOCUMENTS
EN COULEUR

LA THÉORIE
DU MOTEUR ET DU MOBILE

PAR

Albert FARGES

PRÊTRE DE S.-SULPICE

Directeur à l'École des Carmes

Extrait des *Annales de Philosophie chrétienne*

PARIS
AU BUREAU DES *ANNALES DE PHILOSOPHIE CHRÉTIENNE*
14, RUE NAYET, 14

1886

LES ANNALES DE PHILOSOPHIE CHRÉTIENNE

REVUE MENSUELLE DES SCIENCES PHILOSOPHIQUES ET RELIGIEUSES

Paraissent du 1er au 5 de chaque mois en fascicules de six ou sept feuilles, formant, pour l'année, deux forts volumes de plus de 600 pages.

Le programme des *Annales de Philosophie chrétienne* est celui que l'Encyclique Æterni Patris a tracé aux savants chrétiens :

Étude et vulgarisation de la philosophie des Pères de l'Église, particulièrement de saint Thomas-d'Aquin ;

Étude et examen critique des diverses théories philosophiques ;

Étude des sciences naturelles et expérimentales pour les faire servir à l'apologie de la Religion.

Les *Annales de Philosophie chrétienne* sont aussi l'organe de la Société de Saint-Thomas-d'Aquin, récemment fondée à Paris. Elles publient le compte rendu de ses séances et tous les travaux dont la Société a décidé l'impression.

On peut s'abonner dans tous les Bureaux de Poste de France et de l'Étranger

Les abonnements partent du 1er avril et du 1er octobre.

PRIX D'ABONNEMENT :

Paris et Départements, par an.................... 20 fr.
Étranger....................................... 22
Chaque numéro à part............................ 2 fr.

Bureaux : rue Mayet, 14, PARIS

1807. — Tours, imp. Rouillé-Ladevèze, rue Chaude, 6.

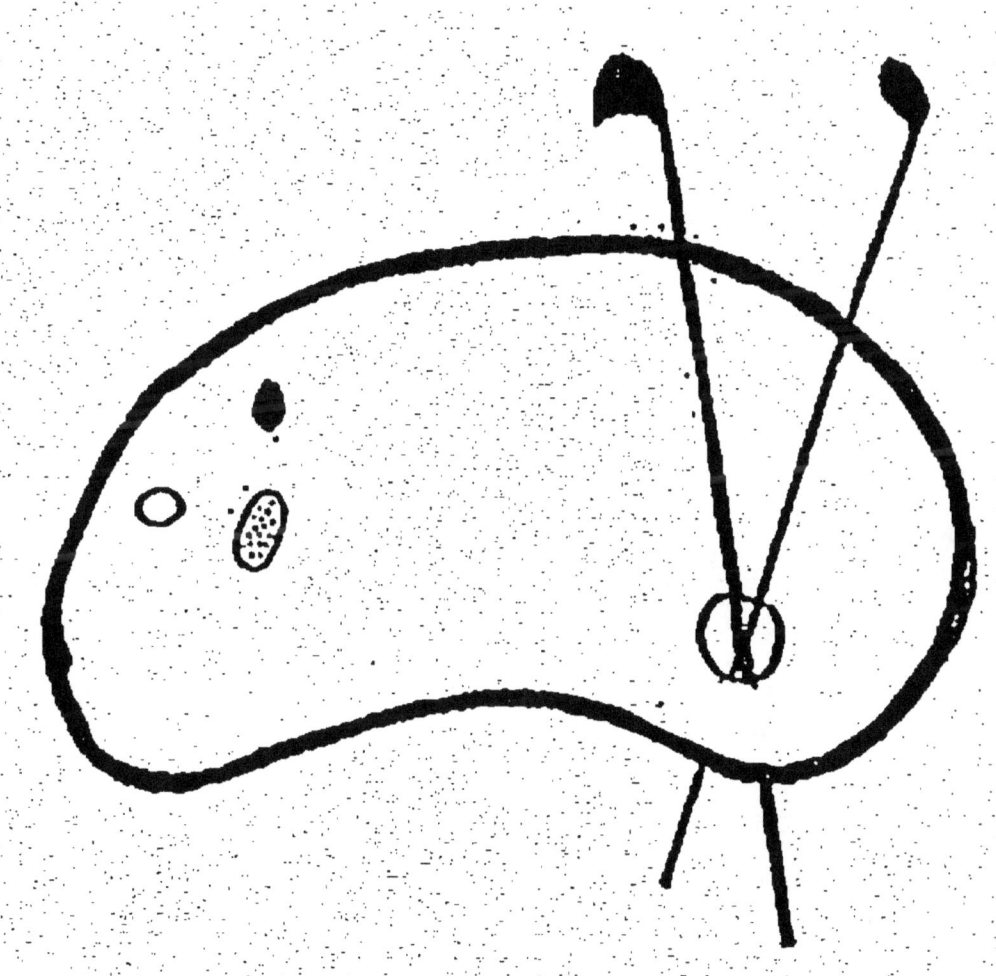

LA THEORIE
DU MOTEUR ET DU MOBILE

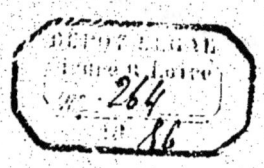

DU MÊME AUTEUR

L'Objectivité de la perception des sens externes et les théories modernes. Une forte brochure grand in-8. 2 fr.

LA THÉORIE
DU MOTEUR ET DU MOBILE

PAR

Albert FARGES

PRÊTRE DE S.-SULPICE

Directeur à l'École des Carmes

Extrait des *Annales de Philosophie chrétienne*

PARIS
AU BUREAU DES *ANNALES DE PHILOSOPHIE CHRÉTIENNE*
14, RUE MAYET, 14

1886

TABLE DES MATIÈRES

Avant-propos		7
I.	Existence du mouvement	9
II.	L'Acte et la Puissance	11
III.	Les forces de la nature	16
IV.	Notion du mouvement; ses espèces	21
V.	Définition cartésienne du mouvement	30
VI.	Le moteur en acte peut mouvoir le mobile en puissance	39
VII.	Nature de l'effet produit dans un mobile passif ou actif	42
VIII.	Origine de l'effet produit	48
IX.	Comment le moteur peut-il agir hors de lui-même ?	53
X.	Objections de Leibnitz et des modernes	61
XI.	Dernière difficulté des modernes	69
XII.	Application de la théorie à la perception des sens externes	76

LA THÉORIE
DU MOTEUR ET DU MOBILE

Dans notre dernière étude sur *l'objectivité de la perception des sens* (1), nous avons, à la suite d'Aristote et de saint Thomas, cherché la solution de ce redoutable problème dans la théorie péripatéticienne de *l'acte et de la puissance, du moteur et du mobile*.

Avons-nous ainsi ramené cette fameuse controverse sur son véritable terrain, abandonné depuis longtemps par la philosophie moderne? Ce n'est pas à nous de le dire, ce sera au lecteur d'en juger, s'il veut bien prendre la peine de nous lire jusqu'au bout.

Pour l'y encourager, nous lui dirons qu'un grand nombre de professeurs de philosophie ont vu avec plaisir ce retour aux anciennes traditions, qu'ils en ont mesuré du premier coup d'œil toute la portée, et qu'un des esprits philosophiques les plus pénétrants et les plus lumineux de nos contemporains, après avoir résumé en quelques mots la théorie fondamentale que nous avions exposée, n'hésitait pas à la donner comme un exemple « des solutions que tient en réserve pour les plus hautes questions l'admirable théorie de l'acte et de la puissance, du moteur et du mobile »; et comme un exemple « des ressources inattendues qu'un système si longtemps décrié sous le nom de scolastique peut offrir aux philosophes désireux de cultiver de bonnes relations avec la science (2) ».

(1) Voy. *Annales de phil.*, juillet, août, sept., octobre, nov. 1885.
(2) Mgr d'Hulst. *Annales de phil.*, novembre 1885, p. 126.

Dans un camp opposé, nous avions déjà recueilli des aveux encourageants sous la plume de philosophes sincères qui ont commencé à rouvrir ces in-folio poudreux que nos réformateurs du xvii⁰ siècle avaient mis à l'index. « Le positivisme, nous dit M. Vacherot, n'a plus beau jeu contre Aristote. C'est son école surtout qui est une école de science et de philosophie positive, s'il est permis d'appliquer un mot si moderne à une antique doctrine. Rien de moins spéculatif que sa philosophie, si l'on entend par ce mot toute conception à priori, même en y comprenant cette philosophie première, à laquelle un incident bibliographique a fait donner le nom de métaphysique. Toute la doctrine d'Aristote repose sur une formule qui n'est que l'expression la plus abstraite et la plus haute de l'expérience : *Puissance et Acte*, ces deux mots qui résument toute sa pensée et expliquent toute chose (1). »

Malheureusement cette « admirable théorie » de l'acte et de la puissance, du moteur et du mobile, que nous nous contentions d'indiquer ou de résumer en quelques mots, et qu'il nous eût été impossible de faire entrer tout entière, avec tous ses développements, dans le cadre que nous nous étions tracé, est encore moins connue que nous ne l'avions supposé. On nous a reproché ce laconisme ou cette lacune, et l'on nous a demandé de la combler en en faisant l'objet d'une étude à part. C'est ce que nous allons entreprendre.

Mais ici encore il faut savoir se borner. En traitant du mouvement, nous omettrons de parler de plusieurs notions telles que le *temps*, l'*espace*, l'*infini*, qui sont étroitement liées au mouvement et qui en seraient le complément naturel.

Encore moins parlerons-nous de ce que l'on a ajouté à la science du mouvement, soit au nom des mathématiques, soit au nom de l'astronomie ou des autres sciences modernes. Nous nous maintiendrons dans le domaine de la philosophie, qui n'est lui-même que trop vaste.

(1) Vacherot. *Le Nouveau Spiritualisme*, p. 163.

Aussi, après avoir entrevu l'immensité du champ qui s'ouvre devant nous, nous résignons-nous déjà au reproche ou à la nécessité d'être incomplet. Ce n'est donc pas un traité que nous allons commencer, c'est un chapitre détaché, et encore nous contenterons-nous d'une esquisse à grands traits, comme il convient à une œuvre plus modeste de vulgarisation.

I

EXISTENCE DU MOUVEMENT

La première chose qui frappe l'observateur appliqué à l'étude de la nature, c'est l'existence du mouvement et du changement. S'il lève ses regards vers les cieux, il voit ces globes de lumière qui, nuit et jour, se meuvent avec une régularité inaltérable à travers les espaces éthérés. S'il baisse les yeux sur la terre, tout lui paraît sujet à une alternative perpétuelle de production et de destruction. Des flots innombrables d'êtres vivants qui naissent, s'agitent et meurent, se succèdent sans cesse. Les êtres inanimés eux-mêmes, les vents, les fleuves, dans leur course impétueuse, tous les corps bruts dans leur chute irrésistible vers le centre de la terre, ou dans leurs actions et réactions mécaniques ou physiques, dans leurs attractions moléculaires ou leurs affinités chimiques, lui manifestent l'existence des mouvements et des changements innombrables qui se produisent incessamment à la surface du globe. Enfin, jusque dans les entrailles de la terre, il peut constater ces forces turbulentes qui parfois la font trembler, soulèvent dans les mers des chaînes de montagnes, engloutissent des îlots, et s'exhalent en tourbillons de feu par les cratères des volcans.

En sorte que le mouvement paraît être le fait le plus important et le plus universel de la nature. « La nature, nous dit Aristote, c'est l'ensemble des choses qui se meuvent ; c'est le principe du mouvement ou du changement... Ignorer ce qu'il est, ce serait ignorer la nature entière (1). »

Le mouvement sera donc pour lui le point de départ de toute explication scientifique. Il dominera toute sa philosophie, comme il domine toute la nature.

Et cependant il s'est trouvé des philosophes assez aveugles pour nier l'existence du mouvement. Dans l'antiquité, l'école d'Élée, dont Parménide fut le chef et Zénon le disciple le plus brillant, soutenait la thèse de l'immobilité absolue. Le mouvement ne saurait exister, croyaient-ils, parce qu'il est logiquement impossible. Et ils donnaient de cette prétendue impossibilité les quatre preuves fameuses qu'Aristote expose et réfute au VIe livre de sa Physique.

Quelques philosophes modernes (2) ont repris la même thèse avec de très légères variantes dans leur argumentation. — « Ce qui se meut, change et devient autre ; or, il est impossible qu'un être devienne un autre être. » — « Le mouvement ne saurait provenir ni du mobile seul, puisqu'il n'a en lui-même aucun principe de changement ni aucune raison de changer, ni provenir d'un moteur extérieur, car un être ne saurait agir hors de lui-même ! » etc.

Nous ferons grâce à nos lecteurs des autres subtilités sophistiques. Une exposition et une réfutation en règle des Parménides et des Mellessius anciens et modernes ne piquerait pas beaucoup la curiosité de nos lecteurs (3) ; d'ailleurs nous la croyons superflue. Rien ne saurait prévaloir contre un fait évident : le mouvement est sous nos yeux manifeste, palpable, donc il existe. Serions-nous réduits à l'impuissance de l'expliquer, il n'en existerait pas moins, et, loin de l'anéantir, nous n'aurions fait que constater une fois de plus les limites et l'infirmité de notre pauvre raison en face des premiers mystères de la nature.

(1) Ἐπεὶ δ'ἡ φύσις μέν ἐστιν ἀρχὴ κινήσεως καὶ μεταβολῆς ...ἀναγκαῖον γάρ, αὐτῆς ἀγνοουμένης, ἀγνοεῖσθαι καὶ τὴν φύσιν. *De nat. auscult.*, L. III, c. I.
(2) Parmi lesquels F. Herbart. Voy. *Herbatii opera*, Ed. Hartenstein, t. I, 173-210 ; IV, 64-125.
(3) Voy. Arist. *Phys.*, livre I, presque tout entier.

Parfois, il est vrai, l'orgueil du philosophe se résigne à grand'peine à son impuissance native. Parfois, nous dit Aristote, il ose, « bravant et dédaignant le témoignage des sens, » traiter d'illusion les faits les plus palpables dont il ignore l'explication. Le philosophe de Stagire se glorifie à bon droit de n'être pas du nombre de ces « raisonneurs insensés ». Il n'hésite pas à les condamner par les expressions les plus fortes, et à recommander vivement la méthode d'observation contre les théories purement spéculatives. Ces conseils, marqués au coin de la sagesse et du bon sens, ne sont pas inutiles à rappeler à nos modernes, au début de cette étude où nous devons rencontrer plusieurs autres faits dont l'existence est aussi évidente que leur nature est mystérieuse.

II

L'ACTE ET LA PUISSANCE

Tandis que Parménide soutenait le principe que tout est immobile, Héraclite, par un excès contraire, prétendait que tout est en mouvement, que le changement seul existe, et que les êtres que nous voyons, bien loin d'avoir une existence véritable, sont dans un perpétuel devenir.

Entre ces deux excès contraires, Platon s'était déjà maintenu dans un juste milieu; il avait admis la coexistence nécessaire, « de l'immobile et du mobile, » ou de ce qu'il appelle avec ses contemporains, « l'être et le non-être. » Mais il a laissé à son disciple Aristote le soin et la gloire de formuler une théorie précise et de l'asseoir sur les bases positives de l'expérience.

Celui-ci remarque tout d'abord que, dans la nature, le mouvement succède au repos, et le repos au mouvement. Je marche, j'écris, je parle; mais je ne marche pas toujours, je ne parle pas toujours. Il y a donc un état d'action et un état de repos, ou plutôt un état de force latente où l'être possède la puissance de produire l'acte ou de subir l'état qu'il ne possède pas encore. De là découle la distinction fondamentale entre l'*acte*, « ἐντελέχεια, » et la *puissance*, « δύναμις. » Lorsque le mouvement est accompli ou subi, l'objet possède alors en acte « ἐνεργικῶς, » la qualité qu'il ne possédait pas réellement auparavant, si ce n'est en puissance, « δυναμικῶς (1), »

Ainsi le disciple qui vient à l'école du docteur n'est pas encore réellement docte, *doctus in actu*, mais il est en puissance de devenir docte, *doctus in potentia*; tandis qu'un idiot serait incapable de le devenir. Un grain de sénevé peut devenir un grand arbre, un grain de blé ne le peut pas. Le fer que l'on plonge dans la fournaise n'est pas encore incandescent, mais il peut le devenir, tandis qu'un autre corps, l'eau, par exemple, ne possède pas la même aptitude.

Ces exemples nous amènent à saisir une autre distinction fort importante. Autre est la puissance du disciple à travailler et à s'instruire ; autre est la puissance du fer à rougir dans le feu ou la puissance de l'argile à être modelée. Celle-là est une puissance *active*, celle-ci une puissance *passive*. La première est une faculté d'agir, de produire un effet (*virtus producendi*); la seconde est une aptitude à subir un effet (*capacitas suscipiendi aliquod complementum*). Cette puissance passive est quelquefois appelée *une possibilité*, mais il faut bien se garder de la confondre avec cette pure possibilité logique ou métaphysique que l'école définit : *non repugnantia ad existentiam*. La puissance passive, par exemple, l'aptitude de l'argile à être pétrie et modelée, est quelque chose de réel et de positif dont tel et tel autre corps, le fer et le marbre sont évidemment privés.

Cet état de simple puissance est assurément quelque chose de très mystérieux, mais son existence est parfaitement constatée par les faits vulgaires que nous venons

---

(1) Dans la langue d'Aristote, les deux mots Ἐντελέχεια et Ἐνέργεια sont généralement synonymes. Cependant le premier indiquerait plutôt *l'action* et le second *l'état* qui en résulte, d'après Trendelenburg et d'autres philologues modernes.

de rappeler. Nous pourrions ajouter qu'il est encore mis en évidence par une multitude de faits scientifiques où l'état de potentialité joue un rôle si important.

Dans les combinaisons chimiques, les corps qui en sont les éléments, perdent les propriétés qui les caractérisent ; de leur union dérive un nouveau corps parfaitement homogène doué de propriétés toutes nouvelles et souvent opposées aux anciennes. Ainsi, par exemple, si l'on vient à combiner dans des proportions convenables le chlore et le sodium, substances qui sont l'une et l'autre éminemment vénéneuses, le produit qui en résulte, bien loin d'être un poison, est un des aliments les plus utiles à l'homme : le sel marin.

De même, si l'on combine un volume d'oxygène à deux volumes d'hydrogène, ces deux gaz produiront de l'eau à l'état de vapeur, puis à l'état liquide et douée de propriétés physiques et chimiques fort différentes des deux gaz qui l'ont constituée.

Mais si l'on parvient ensuite, à l'aide de la chaleur ou de l'électricité à détruire la combinaison ainsi formée, et à séparer les éléments unis par l'affinité, ces éléments reparaissent de nouveau avec toutes leurs propriétés primitives : ces propriétés n'étaient donc pas anéanties pendant la durée de la combinaison ; elles y demeuraient *en puissance* (1).

Ces expériences répétées sur une multitude de sels que M. Sainte-Claire Deville est parvenu à dissocier ont donné un résultat parfaitement semblable.

En physique, un grand nombre de phénomènes, par exemple, l'analyse de la lumière blanche par le prisme et sa reconstitution synthétique par la projection des rayons colorés du spectre solaire sur un même point nous conduiraient à la même conclusion : les qualités

(1) Nous aurions pu citer les témoignages des chimistes modernes, qui tiennent exactement le même langage. M. Berthelot, après avoir fait l'analyse et la synthèse du sel marin en tire la même conclusion : « Il est donc démontré, nous dit-il, que le composé se trouvait réellement en puissance, avec toutes ses qualités dans les corps composants mis en évidence par l'analyse. » M. Berthelot. La *Synthèse chimique*, p. 7.

des corps sont tantôt en acte et tantôt en puissance seulement.

En histoire naturelle, il nous suffira de citer un fait entre mille : le fait de la réviviscence des vibrions, des nostics, des rotifères ; la vie dans un œuf complètement gelé peut reprendre son cours après le dégel. L'exercice de la vie n'était donc que suspendu par le refroidissement ; la vie ne persévérait pas en acte, mais seulement en puissance.

On ne saurait nier une distinction si manifeste sans tomber dans l'erreur de Protagoras et de l'École mégarique, qui identifiaient l'acte et la puissance. Voici la réfutation qu'Aristote nous en a laissée. « Prétendre qu'on n'a réellement de puissance que lorsqu'on agit et que là où l'on n'agit pas on n'a plus de puissance, ce serait soutenir que celui qui ne construit pas ne peut pas construire, ou qu'il n'y a plus de constructeur du moment qu'il ne construit pas, ou bien que l'artiste qui cesse d'exercer son art ne le possède plus. Mais alors par quelle acquisition soudaine peut-il se mettre à travailler et à construire ? Même objection, ajoute-t-il, pour ce qui regarde les choses inanimées. Le froid, ni le chaud, ni le doux, en un mot aucun objet sensible n'existerait plus du moment que nous ne le sentirions plus. Par la même raison, aucun être sensible n'aura la faculté de sentir quand il ne sent pas actuellement. Mais si l'on appelle aveugle l'être qui n'a pas la vue dont la nature a doué sa race, et qui ne l'a pas à l'époque où la nature voudrait qu'il l'eût, il s'ensuivra, d'après cette théorie, que les mêmes hommes pourront être plusieurs fois par jour aveugles ou sourds. Mais si ce sont là des doctrines qu'on ne peut défendre, il est clair que la puissance et l'acte sont deux choses fort différentes, tandis que ces systèmes les identifient et les confondent. » Enfin Aristote termine cette vigoureuse réfutation en faisant bien remarquer que « ce n'est pas là une distinction de petite importance qu'ils risquent ainsi d'effacer » (1).

(1) Aristote. *Métaph.*, l. IX, c. III. — Cf., *Phys.*, I, 9.

Cette argumentation aussi claire qu'irrésistible va nous aider à comprendre combien est au fond peu solide la distinction imaginée par Leibnitz entre ces deux termes contradictoires : l'acte et la puissance. D'après ce philosophe, l'être pourrait se trouver dans un état intermédiaire qui ne serait ni l'acte ni la puissance, et qu'il définit lui-même : « Un pouvoir moyen entre la simple faculté d'agir et l'acte déterminé (1). » Mais quel pourrait-être le sens précis de ce pouvoir moyen ? Dans ce nouvel état, l'être a-t-il commencé d'agir ou n'a-t-il pas commencé ? S'il a commencé d'agir, il n'est plus en puissance de faire ce qu'il fait, il est déjà en acte. S'il n'a pas commencé d'agir, il est donc encore en puissance. Entre l'alternative d'agir ou de pouvoir agir, il n'y a donc pas de milieu possible.

L'exemple apporté par Leibnitz explique-t-il mieux sa pensée ? « L'exemple, nous dit-il, d'un poids qui tend la corde à laquelle il est suspendu ou celui d'un arc tendu peut éclairer cette notion (2). » Nous avouons ne pas comprendre comment le poids ou le ressort qui tend la corde peut être dans un état intermédiaire entre l'acte et la puissance. Nous croyons au contraire que ce poids et ce ressort sont véritablement en acte de tendre la corde, et s'ils sont en puissance pour un autre effet, il leur est du moins impossible d'être à la fois en puissance et en acte pour le même effet.

D'ailleurs nous sommes loin de nier que la puissance active d'agir puisse « contenir et envelopper l'effort ». Cette propension et pour ainsi dire ce besoin d'agir ont été affirmés par Aristote, saint Thomas et l'école tout entière, qui l'appellent « nisus, conatus, appetitus naturalis » (3). Mais, entre cette aptitude spéciale, ce besoin d'agir et l'action elle-même, il reste encore à franchir toute la distance qui sépare la puissance de l'acte.

Enfin les disciples de Leibnitz qui, pour mieux nier l'é-

---

(1) Leibnitz. *Sur la réforme de la philosophie*, I, 454.
(2) *Ibid.*
(3) Voy. M. Vallet. *Prælectiones*, I, 266.

tat de simple puissance, oseraient affirmer que tout être est toujours en acte, n'atteindraient pas encore leur but. Car il est évident qu'un être qui est en acte n'opère pas en même temps tout ce qu'il peut opérer ; « non semper operari quidquid operari potest. » S'il est donc en acte pour tel ou tel effet seulement, il faut bien admettre qu'il n'est encore qu'en puissance pour tous les autres effets.

Il est donc manifeste que l'état d'acte et l'état de puissance sont deux alternatives nécessaires et contradictoires, entre lesquelles il n'y a pas de milieu possible.

III

LES FORCES DE LA NATURE

Pour comprendre comment un principe ou plutôt un fait si manifeste a pu être nié par des philosophes d'ailleurs si distingués, approfondissons un peu plus leurs pensées ou leurs systèmes, et nous verrons qu'ils y ont été conduits par deux voies diamétralement opposées : les uns par une exagération à priori de l'idée de *force* ou d'activité, les autres par la négation même de cette idée.

Les premiers, issus de l'école leibnitzienne ou dynamiste, reconstruisent le monde avec des monades ou des centres de force dont toute l'essence est d'agir. Dès lors il n'y a place que pour deux alternatives. L'acte de la monade sera empêché de produire tout son effet par la résistance d'une force antagoniste, ou bien ne sera pas empêché. Le second état sera celui d'*action libre*, le premier état celui d'*action contenue* ou de *tension*. L'état de simple *puissance* demeure ainsi supprimé ou arbitrairement confondu avec celui de *tension*, par une confusion que l'observation la plus élémentaire suffirait à dissiper.

Supposons, par exemple, deux lutteurs se prenant corps

à corps. Si leurs efforts se contrebalancent exactement, aucun d'eux ne changera de position : ils resteront immobiles ; et cependant qui pourrait confondre cette inaction apparente avec l'inaction des mêmes lutteurs s'ils étaient seulement appuyés l'un contre l'autre ou assis côte à côte ? Dans le premier cas, ils agissent sans réussir à terrasser leur adversaire, mais ils agissent vraiment, comme en témoignent la chaleur de leurs muscles, la sueur de leur front, la contraction de leurs membres... C'est le cas de tension ou de l'action contenue. Dans l'autre hypothèse, au contraire, ils n'agissent nullement ; mais qui pourrait nier qu'ils aient la puissance d'agir ou de lutter ?

Ajoutons un autre exemple tiré des corps inorganiques. Dans une chaudière à vapeur en ébullition, avant que la soupape soit soulevée ou que les parois éclatent, il y a mouvement de tension ; dans une pile électrique avant que les rhéophores aient relié les deux pôles, il y a aussi une tension ; et qui pourrait croire que cette action contenue se serait jamais produite, si l'eau de la chaudière, les éléments de la pile et les diverses causes qui coopèrent n'avaient pas eu la *puissance* de la produire ?

La puissance et l'acte contenu sont évidemment deux états que l'on ne doit ni assimiler ni confondre.

Les autres philosophes, avons-nous dit, sont arrivés à la même confusion par une voie tout opposée, par la négation de toute idée de force, soit immatérielle, soit matérielle, comme nos phénoménistes modernes ; ou du moins par la négation de toute force physique, de toute activité dans les corps inorganiques (1) : nous ne parlerons ici que de ces derniers. Disciples de Descartes, partisans de la *théorie mécanique*, bien moins

(1) Par *activité* des corps inorganiques, nous entendons qu'ils ont vraiment la *puissance d'agir*, quoiqu'ils ne soient pas maîtres de leurs actions et qu'ils ne puissent interrompre ou modifier à leur gré leur état de mouvement ou de repos (*force d'inertie*). « Hoc est proprium corporis, dit S. Thomas, ut motum moveat et agat. » (*Q. disp. De pot.* q. v, n. 8.) « Quod si corpus tantum *agi* et non *agere* dicitur, hoc est secundum hoc, quod illud dicitur agere, quod habet dominium super actionem suam...; per hoc tamen non excluditur, quin (corpora) agant secundum quod agere est aliquam actionem exercere. » S. Th. Q. disp. *De verit.* q. v, a. 9. ad 4.

philosophes que géomètres et physiciens, ils se font un point d'honneur de déclarer la guerre à ce qu'ils appellent avec dédain : « des forces *abstraites*, » « des qualités *occultes* de la matière, » des « entités mystérieuses propres à cacher notre ignorance » et dont certains auteurs « dotent très gratuitement la matière ». Ils ne cessent de répéter qu'il faut à jamais « expulser de la science ces anciennes erreurs », « pures fictions de l'imagination, » ces principes « dont on n'a jamais prouvé l'existence » et « dont la notion est purement subjective... » S'ils daignent encore se servir à chaque instant dans leurs écrits de ces « locutions consacrées », de ces « termes convenus », c'est uniquement, disent-ils, « parce qu'ils sont utiles pour la rapidité du discours (1). »

Si ces auteurs ne parlaient que de réduire le nombre trop considérable des *forces* qui ont encombré l'ancienne physique, cette tendance serait vraiment scientifique et leur but très louable. Assurément les forces de la nature sous leur apparence de multiplicité prodigieuse cachent une réelle et profonde simplicité; la science a pour mission d'étudier leurs analogies, leurs ressemblances, leurs combinaisons et d'en simplifier la classification.

Ainsi l'horreur du vide de nos anciens a été ramenée à la pression de l'atmosphère; en électrodynamique, les deux fluides électriques de Dufay et d'Ampère, qui étaient classiques il y a vingt ans, sont réduits à une seule force; les forces magnétiques sont devenues un cas particulier des actions électro-dynamiques; on a pu ramener à une même cause le mouvement orbitaire des planètes, la chute des graves à leur surface, le flux et le reflux des océans qui les recouvrent..., etc. Tout bon philosophe doit applaudir à ces éliminations ou à ces simplifications des forces matérielles de la nature dès qu'elles sont justifiées. Mais la négation radicale de toute force et de toute activité dans les corps inorganiques est évidemment une exagération regrettable et un but chimérique.

(1) P. Secchi. *L'Unité des forces physiques*, 1866, pp. 14, 63, 155, 344, 359, 462, etc.

Aussi n'est-ce pas sans étonnement que nous avons vu ces savants distingués affirmer hautement que « le but de leurs travaux était de faire *table rase* de toutes ces forces *abstraites* (1) ».

Ce n'est pas ainsi, croyons-nous, que les plus puissants génies de la science l'ont jamais comprise. Le grand Newton disait au contraire que « déduire des phénomènes de la nature un petit nombre de forces ou de causes générales du mouvement et de faire voir ensuite comment les propriétés de tous les corps et les phénomènes découlent de ces causes reconnues, ce serait faire de grands pas dans la philosophie naturelle, malgré que ces causes demeurassent cachées (2). »

D'ailleurs, lorsque l'on aura réduit le calorique, l'électricité, la lumière, le magnétisme, l'attraction universelle, l'affinité chimique, la cohésion, l'élasticité, en un mot, toutes les propriétés physiques et chimiques, tous les phénomènes observables, aux effets des mouvements vibratoires et des pressions d'un milieu invisible et impondérable appelé éther; lorsqu'on aura tout expliqué, tout jusqu'à la constance invariable des types, l'agencement spécial de leurs atomes, leur structure régulière, leurs propriétés physiques ou chimiques, variables avec les espèces, par une accumulation prodigieuse d'hypothèses sur la nature « exceptionnelle » de ce milieu éthéré, et sur l'influence de ses « grands tourbillons » ou de ses petits « tourbillons infinitésimaux » qui viennent fort à propos produire tous les effets que l'on désire, seraient-ils les plus variés et les plus contradictoires (3); lorsque la science aura fait cela avec plus ou moins de vraisemblance, à quoi aurait-elle abouti ? A transporter dans le monde invisible et hypothétique de l'éther (4) les

---

(1) P. Secchi. *L'Unité des forces physiques*, p. 450.

(2) « Ex phænomenis naturæ, duo vel tria derivare generalia motus principia, et deinde explicare quemadmodum proprietates et rationes rerum corporearum omnium ex principiis istis manifestis consequantur, id vero magnus esset factus in philosophia progressus, etiamsi principiorum istorum causæ nondum essent cognitæ. » Newton, *Optic.*, l. III, q. XXXI.

(3) P. Secchi. *Opus cit.*, pp. 153, 160, 293, 295, 436, 484, 569, 654, etc.

(4) Nous n'avons pas qualité pour apprécier ici, encore moins pour com-

causes des phénomènes observés dans le monde visible et réel des corps ; à son tour, ce monde invisible et impondérable sera-t-il lui-même une force active ou passive? S'il est une puissance active, vous ressuscitez la vieille chimère de *l'âme du monde*, et vous n'expliquez l'univers qu'en le dédoublant, sans parvenir à effacer la notion de force. — Si l'éther est au contraire purement passif, il faut remonter, pour trouver la cause active de son mouvement, jusque dans un troisième monde, le monde des Esprits ou de Dieu lui-même : ce qui a pour le moins le double inconvénient de nier l'activité intérieure et extérieure des corps, v. g. leur force de cohésion, d'expansion, d'élasticité, qui est le fait capital de la nature ; et surtout de rendre inintelligibles la transmission du mouvement et la loi de la conservation des forces : phénomènes impossibles à expliquer sans l'activité des corps, comme nous le démontrerons en son lieu.

Mais n'anticipons pas : il nous suffit ici d'avoir mis en lumière les notions de *puissance* et *d'acte*, et d'avoir montré que la notion de *force*, qui en est la synthèse, bien loin d'être une « pure abstraction » ou une qualité « occulte », est au contraire la cause *concrète* qui produit l'acte ; c'est l'activité même de la substance, *vis insita* (1), qui se *manifeste* par son opération.

Que les mathématiciens et les physiciens dans leurs calculs fassent abstraction des *forces*, c'est-à-dire des

---

battre l'hypothèse d'un milieu éthéré distinct de la matière cosmique, hypothèse généralement admise aujourd'hui, malgré l'opposition de savants distingués qui ont déclaré hautement que ce *fluide* impondérable auquel on attribue les qualités des *solides*, est une pure imagination, complètement inutile, insuffisante et contradictoire. (Voy. Grove. *Corrélation des forces physiques*, p. 121.) Nous ne combattons ici que l'exagération qui la porterait à nier radicalement les forces physiques. D'ailleurs nous ne dissimulons pas que cette gigantesque hypothèse, qu'entourent déjà de sinistres présages, pourrait s'écrouler sans émouvoir l'école : *impavidum ferient ruinæ*.

(1) Cette expression est de Newton, qui considère avec raison la force comme un attribut de la substance matérielle. Supposer, comme l'a imaginé un physicien célèbre, que la force est séparée de la substance, qu'elle n'est ni attribut, ni substance, ni esprit, ni matière, serait une chose inintelligible. Voy. *Conséquences phil. et métaph. de la thermodynamique*, par M. Hirn.

causes qui produisent les phénomènes soumis à leur analyse, cela leur est permis ; mais cette omission serait tout à fait indigne d'un vrai philosophe (1).

IV

DU MOUVEMENT — NOTION — ESPÈCES

Après avoir constaté que le mouvement existe, qu'il est le fait essentiel de la nature, et que tous les êtres qui la composent sont nécessairement à l'état d'acte ou de puissance, et successivement dans ces deux états, par rapport au même effet, il nous sera moins difficile d'expliquer le passage de la puissance à l'acte et de donner du mouvement une définition conforme à la réalité observée.

Dans le IIIe livre de sa Physique, Aristote nous enseigne que le mouvement pris dans un sens général, c'est une espèce de changement dans les êtres matériels ; c'est le passage d'un état à un autre état, non pas du néant à l'existence, ni de l'existence au néant ; ce serait attribuer le mouvement à ce qui n'existe pas : « impossibile est enim nihilum moveri (2) ; » mais plutôt le passage d'une manière d'être à une autre. Et comme toutes les manières d'être susceptibles de changement peuvent se ramener aux trois catégories du *lieu*, de la *quantité* et de la *qualité*, il y aura aussi, nous dit-il, trois espèces de mouvement ; le changement *purement local*, ou translation, le changement de *quantité* ou développement et réduction, enfin le changement de *qualité*, qu'il nomme altération. « Quoniam autem nec est substantiæ, nec ejus quod ad aliquid refertur, nec ipsius facere vel pati, relinquitur

---

(1) Les physiciens emploient le mot de *force vive* pour désigner le mouvement ou plutôt le produit de la *masse* en mouvement par le carré de la vitesse, M V² ; aussi n'y a-t-il aucune contradiction à dire que la *Force vive* s'épuise en agissant, tandis que la *Force* ou puissance active des philosophes se complète et se perfectionne par l'action.

(2) « Quoniam nonentibus non attribuunt ipsum moveri. » *Phys.*, c. III, fin.

ut in qualitate, et quantitate, et ubi duntaxat sit (1). »
Ainsi il y a mouvement dans la quantité d'un corps quand il grandit ou diminue, se développe ou se réduit, par exemple, une jeune plante en croissance, un son plus ou moins intense... Il y a mouvement dans la qualité, quand un corps, sans changer de grandeur, passe d'une qualité à une autre, du chaud au froid par exemple, du bleu au rouge. Enfin il y a mouvement de translation, ou mouvement purement local, lorsque ce corps, sans changer de qualité ni de quantité, occupe successivement plusieurs lieux différents.

Sans doute, Aristote le reconnait sans peine, le mouvement dans le sens le plus strict, tel que le vulgaire l'entend c'est le changement purement local : « Sed et proprie moveri dicimus duntaxat quod secundum locum movetur (2). » Cependant tous les changements dans la qualité ou dans la quantité sont aussi d'une certaine manière des changements locaux; non seulement pour cette raison générale qu'ayant lieu dans des corps matériels et concrets, ils se passent nécessairement dans le temps et dans l'espace, mais aussi pour des raisons particulières sur lesquelles nous ne saurions trop insister. Le mouvement local est le phénomène premier et fondamental : *il précède, il suit et il accompagne* tous les changements de qualité et de quantité, comme le prouvent les expériences scientifiques modernes, et comme le prouvaient les démonstrations des anciens déjà fondées sur l'expérience vulgaire.

En effet, un corps ne peut agir sur un autre corps pour l'altérer, une molécule sur une autre molécule, que si elle se rapproche, la touche et lui imprime un choc (3):

(1) Phys. l. V, c. III. — Ἐπεὶ δὲ οὔτε οὐσίας οὔτε τοῦ πρός τι οὔτε τοῦ ποιεῖν καὶ πάσχειν, λείπεται κατὰ τὸ ποιὸν καὶ τὸ ποσὸν καὶ τὸ ποῦ κίνησιν εἶναι μόνον. — Ce texte pourrait soulever une question plus subtile : n'y a-t-il que trois espèces de mouvement? Nous ne la discuterons pas ici. Il nous suffit qu'il y en ait au moins trois espèces.

(2) Arist. *De nat. auscult.*, IX.

(3) « Ad hoc quod fiat alteratio, oportet quod alterans magis sit propinquum alterato nunc quam prius. (S. Thomas. *C. Gent.*, l. III, c. LXXXII.) Nullum corpus agit nisi tangendo et movendo. » (I, q. XLV, a. 5.)

or, ce rapprochement et ce choc sont un mouvement local. Ce sera un frottement par exemple, qui produira la chaleur, la lumière, l'électricité.

De plus, les nouveaux phénomènes produits par le mouvement ne se propagent de proche en proche dans les molécules voisines que par le mouvement local, c'est-à-dire par une nouvelle série de contacts et de chocs, ou de vibrations moléculaires.

Enfin, de même que l'étendue dans l'espace est pour ainsi dire le support des diverses figures et qualités des corps, ainsi le mouvement dans l'espace est le support et le *substratum* de tous les changements qu'ils éprouvent (1).

La force, l'énergie physique ont donc besoin d'un mouvement mécanique dans l'espace non seulement pour produire un transport, une locomotion, une figure, mais aussi pour produire tout autre effet d'espèce différente, par exemple un changement dans la quantité ou dans la qualité.

« In dubium vocari nullo modo potest, quin omnia quæ videmus phænomena per motum localem fiant. »

Il n'est donc plus étonnant que l'on retrouve le mouvement mécanique au fond de tous les phénomènes vitaux, sensibles, physiques ou chimiques, ni que le mouvement puisse produire la chaleur, et que la chaleur puisse se transformer en travail mécanique. La transformation des forces d'espèces différentes est au contraire une conséquence naturelle de la théorie que nous venons d'exposer, et que nous avons prise dans l'enseignement le plus formel d'Aristote et de saint Thomas, comme vont en témoigner les textes que nous allons reproduire.

« Sicut probatur in oct. phys., nous dit le Docteur angélique, motus localis est primus motuum : in quolibet

---

(1) « Corpus agere non potest nisi per quantitatem, i. e. agendo immediate in quantitatem ejus. Atqui propria passio quantitatis est localiter moveri. Accedit quod qualitas sensibilis sicut *induci* non potest in corpus aliquod, nisi per quantitatem ; ita in eodem *permanere* non potest nisi afficiendo ejus quantitatem ; atqui iterum propria affectio et passio quantitatis est localiter moveri. » P. Pesch. *Institutiones phil.*, p. 442.

autem genere id quod est primum est causa eorum quæ sunt post in eodem genere : unde motus localis est causa alterationis, quæ est prima inter alios motus et præcipue est causa primæ alterationis quæ est calefactio » (1).

Dans la Somme contre les gentils, voici le développement de la même pensée : « Nullum corpus agit nisi moveatur, eo quod oporteat agens et patiens esse simul... in eodem loco... locum autem non acquirit corpus nisi per motum... Omne agens quod agit, in quantum movetur, de necessitate movet illud in quod agit ; factum enim et passum *consequitur dispositionem facientis et agentis*, eo quod omne agens agit sibi simile : unde si agens *non in eadem dispositone se habens* agit, *in quantum per motum variatur*, oportet, quod etiam in patiente et facto quædam renovatio dispositionum fiat, quod *sine motu esse non potest*. Nihil igitur fit a corporis actione nisi per motum vel mutationem (2). »

Enfin, dans une foule d'autres passages, le saint docteur nous répète qu'un mouvement d'une espèce peut se transformer en mouvement d'une autre espèce ; v. g. le mouvement des astres produit sur la terre les mouvements d'altération, et chez l'animal le mouvement d'altération de la faculté appétitive produit la locomotion.

« Corpus potest movere quasi non motum specie illa motus qua movet, licet non possit movere nisi aliquo modo motum : corpus enim cœli alterat non alteratum, sed localiter motum : et similiter organum virtutis appetitivæ movet localiter, non motum sed aliquo modo alteratum localiter (3). »

Ainsi le mouvement local est l'instrument de tous les phénomènes corporels, voire même des phénomènes vitaux. Saint Thomas l'affirme expressément. Point de génération, dit-il, sans altération des qualités, par

---

(1) S. Th. *in lib.* 2° *de cœlo*, lect. 10.
(2) S. c. gent. l. II, c. xx.
(3) S. Th. Q. Disp. De pot. q. 3, a. XI, ad 19.

exemple sans la chaleur et point d'altération sans mouvement local (1). Et si nous lui demandons comment le mouvement local peut produire un autre effet que le mouvement local, il nous répond sans hésiter que le mouvement est l'instrument nécessaire de toute énergie matérielle, mais qu'il n'est qu'un instrument, et que sous l'action d'une énergie d'ordre supérieur, il peut produire des effets supérieurs à sa propre nature. Ainsi le peintre et le sculpteur produisent les chefs-d'œuvre de leur art et expriment l'idéal de la beauté qu'ils ont conçue par le simple mouvement du ciseau ou du pinceau. Ce n'est pas l'instrument qui opère, c'est l'agent supérieur qui agit par l'instrument ; aussi l'effet produit ne ressemble-t-il point à l'instrument, mais à l'idée de l'artiste qui le dirige. « Operatio instrumenti est per virtutem agentis principalis (2). » — « Omne agens physicum mediante instrumento corporeo agit, actio autem, quæ per corpus exercetur, motus est; ideo omnis actio agentis physici in motu est (3). »

Ainsi de ce fait constaté par la science, que le mouvement local se retrouve au fond de tous les phénomènes sensibles, on ne saurait nullement en conclure que le changement du lieu soit le seul effet produit par l'énergie corporelle et qu'il n'y ait plus de changement dans la qualité ou la quantité du corps (4).

Et de ce que certains phénomènes peuvent facilement s'expliquer par un simple mécanisme on ne peut légitimement en déduire qu'il en est de même de tous les autres phénomènes d'espèces différentes.

(1) Cfr. Aristote. *Phys.*, l. VIII, c. VII.
(2) *Quæst. disp. de pot.*, q. III, a. 7, ad 3.
(3) *Opusc. de nat. materiæ*, c. I. « Omne quod agit virtute alterius, facit simile ei, in cujus virtute agit, sicut serra facit dominus ex virtute dominus qua est in anima; et calor naturalis generat carnem animatam ex virtute animæ. (S. Th. *De sensu et sensato*, l. X.)
(4) « Omnes formæ, ut sæpe docet Aristoteles, producuntur non sine aliquo motu ; sed aliud est, quod hoc non fiat sine illo, aliud quod *hæc sit illud* : e. g. aliud est quod animal non ambulat sine pedibus, aliud est quod deambulare nihil aliud sit quam habere pedes. » Sylv. Maurus. *Quæst phil.*, l. II, q. IV.

Aussi de l'aveu de l'immense majorité des savants physiologues (1), il est impossible non seulement de prouver, mais de soutenir avec vraisemblance, que tous ces merveilleux changements qui apparaissent dans la naissance, la vie et la mort des animaux, par exemple, que les transformations des atomes d'hydrogène ou de carbone en chair vivante, en tissu cellulaire ou nerveux, ne sont que des mouvements vibratoires. Il est impossible de ne pas y reconnaître en même temps un principe interne d'évolution, une activité spécifique et directrice des transformations subies par l'être vivant.

Il est impossible de ne pas admettre, par exemple, que le pollen qui se développe dans le pistil d'une fleur, que le grain de blé qui germe après des siècles de sommeil dans les pyramides d'Égypte, possèdent vraiment une qualité intime, une aptitude spéciale, une puissance de fécondité fort différente d'un mouvement mécanique quelconque ; et que cette qualité *sui generis*, a été reçue, qu'elle peut se développer, se communiquer ou se perdre d'après certaines lois. Il peut donc y avoir développement et changement dans la *qualité* des corps aussi bien que dans la *quantité* et le *lieu*.

Cependant nous ne voudrions nullement combattre dans toutes ses interprétations, l'hypothèse de la *vibration vitale*. La physique et la chimie démontrent que

---

(1) Parmi lesquels nous pouvons citer : Jean Müller, E. de Baer, E. de Beaumont, Milne-Edwards, Quatrefages, Flourens, Mivart, R, Wagner..., etc., Voici un passage de J. Müller que nous traduisons de l'allemand : « Quelques-uns ont cru que la vie est simplement le résultat de l'harmonie et pour ainsi dire de l'engrenage des roues de la machine; cet engrenage naturel existe évidemment, mais cette harmonie des membres nécessaire pour constituer le tout, ne peut pourtant pas exister sans l'influence d'une force qui pénètre le tout de son action. Cette force ne dépend pas des membres particuliers, elle est au contraire *antérieure* à ces membres harmoniques du tout. L'organisme ressemble sans doute à un mécanisme artificiel, mais c'est la force organique qui produit le mécanisme même des organes et le soutient ; l'action du corps organique ne dépend pas simplement de l'harmonie des organes, mais cette harmonie même est l'effet de la force organique. » (*Handb. d. Physiol. d. Menschein*, Ed. 4, t. I, p. 21.) P. Flourens soutient la même thèse : « Ce n'est pas la matière qui vit, une force vit dans la matière et la meut et l'agite et la renouvelle sans cesse. » (*De la vie et de l'int.*)

la vie n'est pas un corps spécial, une matière nouvelle ; serait-elle donc un mouvement vibratoire spécial surajouté à la vibration chimique des atomes ? La forme des corps organiques tiendrait-elle à un état vibratoire spécial, qui mettrait en œuvre les molécules chimiques ? Le produit de cette vibration serait, dit-on, le *protoplasma*. Cet édifice moléculaire est une gelée plus ou moins liquide, c'est la matière organisée à l'état naissant. L'analyse chimique n'y découvre que des éléments connus : de l'hydrogène, du carbone, de l'azote et de l'oxygène. Et cependant ces quatre éléments combinés dans un laboratoire de toutes les manières possibles ne donneront jamais la molécule organisée, le protoplasma. Les vibrations chimiques étant impuissantes à expliquer la vie, on a donc recours à l'hypothèse des « vibrations vitales », et d'un « rythme vibratoire » spécial pour chaque espèce d'êtres vivants. Cette formule vibratoire, si simple dans le protoplasma, « passant d'espèces en espèces plus parfaites arrive à de très grandes complications, puisque chacun des détails spéciaux à chaque variété doit avoir pour cause une notation spéciale du mouvement vibratoire. C'est comme un type mélodique que le compositeur développe et fait passer en différents tons en surchargeant le thème primitif d'ornements de dièzes et de bémols, suivant les règles de l'harmonie (1). »

Nous laissons aux savants le soin de discuter cette brillante hypothèse : il nous suffit de faire observer que la « vibration vitale » ne saurait exister sans une force motrice, un principe vital, et que les changements spécifiques des vibrations vitales supposent précisément, dans l'activité ou la force motrice des protoplasma, des variétés et des changements d'aptitudes et de qualités. Si la force motrice qui anime le germe restait la même *qualitativement*, les vibrations seraient toujours semblables, car il y a nécessairement, nous dit saint Thomas, proportion entre la qualité de l'être et son opération, et la variété des opérations suppose toujours la variété

(1) Comte Begouen. *Annales de phil*., avril 1885, p. 35.

des puissances : « Distinctio autem rerum præcedit naturaliter motus et operationes rerum ; determinati enim motus et operationes sunt rerum determinatarum et distinctarum (1). »

La théorie de la « vibration vitale », loin de combattre, confirme donc plutôt notre thèse : il peut y avoir certains *changements* dans la *qualité* des corps aussi bien que dans la quantité et le lieu.

Enfin, nous ajouterons pour la même raison que non seulement dans le règne animal et végétal, mais encore dans le règne minéral, dans l'ordre purement physique, le mouvement local est insuffisant pour expliquer tous les phénomènes, par exemple la transformation du mouvement en chaleur, de la chaleur en électricité, de l'électricité en diverses propriétés chimiques. Si l'énergie motrice qui produit ces divers mouvements ne se modifiait pas, les mouvements resteraient les mêmes. Ces transformations de mouvement supposent donc préalablement des changements dans les propriétés ou les qualités des corps qui produisent ces mouvements chacun d'après sa nature propre.

Il faut donc, comme nous l'avons déjà dit, admettre des changements dans la *qualité* des corps aussi bien que dans la *quantité* et le *lieu*. Et comme ces trois espèces de changement sont également produites et propagées par le mouvement local, il nous paraît tout naturel d'en distinguer trois espèces, suivant qu'il produit un simple transport, ou bien une nouvelle qualité ou quantité ; et de considérer le mouvement lui-même comme *le passage*, dans un être corporel, d'un état à un autre état ; passage qui a toujours lieu dans l'espace et dans le temps, facteurs nécessaires de tout vrai mouvement.

Mais si nous voulons saisir de plus près la réalité observée et pénétrer jusque dans ses dernières profondeurs, nous nous demanderons en outre *ce que c'est que ce passage*.

Sans doute, cette notion est assez mystérieuse. Comme

(1) *Contra Gent.*, l. III, c. xxxix.

toutes les notions premières, il est encore moins aisé de la définir que de la comprendre : Aristote n'a pas craint d'avouer et de reconnaître toute la difficulté du problème. Voici comment il a cherché à le résoudre.

Le passage d'un état à un nouvel état, ne saurait être quelque chose de *négatif*, une privation, c'est au contraire quelque chose de *positif* et de très réel.

D'autre part, cette réalité n'est pas une simple *puissance* d'agir, c'est au contraire un *acte*, mais c'est un acte qui commence, c'est un *devenir* en voie de réalisation. C'est un acte de l'énergie physique, qui *tout seul* et séparé par abstraction de ce qu'il va produire (figure, qualité ou quantité nouvelle) est un phénomène incomplet, une évolution.

C'est donc un acte, mais un acte incomplet, nous dit-il : Ἥ τε κίνησις ἐνέργεια μέν τις εἶναι δοκεῖ, ἀτελὴς δέ (1). Aussi cet acte sera-t-il complété, spécifié et désigné par l'effet qu'il produit dans les corps. Il y aura autant d'espèces de mouvements que de manières d'être possibles dans la nature : Ὥστε κινήσεως καὶ μεταβολῆς ἔστιν εἴδη τοσαῦτα ὅσα τοῦ ὄντος (2).

Que cet acte incomplet soit malaisé à expliquer, Aristote, encore une fois, en fait modestement l'aveu ; mais, ajoute-t-il aussitôt avec une certaine assurance : s'il est difficile à comprendre, il n'est cependant pas impossible. « Ideoque difficile est sumere quid ipse sit (motus); aut enim necesse est eum ad privationem referre, aut ad potestatem aut ad actum simplicem, quorum nullum videtur esse posse. Relinquitur ergo modus quem diximus : nimirum motum esse actum quemdam ac talem actum qualem diximus (actum scilicet incompletum) difficilem quidem cognitu, sed qui esse possit (3). »

Telle est la pensée du Philosophe sur la nature du mouvement ; elle est résumée dans la formule célèbre :

---

(1) Arist. *Phys.*, III, 1. « Cette définition est aussi juste que fine...; il est impossible de pénétrer plus profondément que ne l'a fait ici Aristote dans nature intime du mouvement. » Note de B.-St-Hilaire, ibidem.
(2) Arist. *Ibid.*, § 5.
(3) Arist. *Ibid.*, fin.

le mouvement, c'est l'évolution de ce qui était en puissance ; c'est le passage de la puissance à l'acte, ou bien c'est *l'acte du possible comme tel*. Ἡ τοῦ δυνάμει ὄντος ἐντελέχεια, ᾗ τοιοῦτου, κίνησίς ἐστιν (1). Définition que nous croyons avec Barthélemy-Saint-Hilaire « parfaitement acceptable, bien qu'au premier coup d'œil, cette formule puisse paraître assez obscure ». — « Cette définition, ajouterons-nous avec le savant traducteur, a été bien des fois tournée en ridicule, bien qu'elle ne le mérite pas plus que la théorie de la matière et de la forme. Pour ces abstractions, le point vraiment difficile, c'est de les comprendre ; mais une fois bien comprises, on voit qu'elles ne sont ni fausses ni inutiles. Ainsi, quand Aristote définit le mouvement : l'acte du possible, il faut, au lieu de s'étonner, tâcher de savoir ce que signifie cette formule (2). »

V

DÉFINITION CARTÉSIENNE DU MOUVEMENT

Les définitions que nos modernes ont essayé de substituer à l'ancienne sont-elles plus exactes et plus près de la réalité ? Préférerions-nous dire avec Descartes que : « le mouvement est un transport d'une partie de la matière ou d'un corps, du voisinage de ceux qui le touchent immédiatement et que nous considérons en repos, dans le voisinage de quelques autres (3) ?...

Mais qui ne voit tout d'abord que définir le mouvement par le repos et le repos par le mouvement, c'est se renfermer dans un cercle vicieux et qu'il ne faut jamais définir un contraire par son contraire, attendu que l'idée d'un des contraires présuppose la connaissance de l'autre au lieu de nous l'expliquer ?

---

(1) Arist. *Physique*, III, 1, § 7. — Le possible dont il s'agit ici, nous l'avons déjà dit, n'est pas la possibilité pure, mais la puissance dans le sens que nous avons expliqué. Le mouvement n'a lieu qu'entre deux termes réels.
(2) B.-St-Hilaire. *Préface de la Physique*, p. 38.
(3) *Lettre* XXIV ; *Princip. de la phil.*, 2ᵉ p., n° 23.

Qui ne voit surtout que cette définition pèche encore plus par le fond que par la forme, puisqu'elle se borne à nous indiquer un des effets du mouvement, sans nous apprendre que son *genre prochain*, c'est d'être un *acte*, que sa *différence spécifique*, c'est d'être un acte *incomplet*, c'est-à-dire un passage, un devenir, une production d'une nouvelle manière d'être? Nous savons, en effet, que le mouvement n'est qu'un instrument d'évolution pour les forces matérielles de la nature; or, la définition cartésienne n'en dit pas un mot.

Mais ce qui nous paraît encore plus grave (1), c'est qu'elle est manifestement incomplète, puisque, sur les trois espèces de mouvements que nous avons constatés dans la nature, elle en supprime deux. Une telle suppression, bien loin de résulter de l'observation attentive et scrupuleuse des phénomènes, ne provient que d'une conception à priori que Descartes a dû prendre pour une « *idée claire* », attendu, comme il l'avoue lui-même, « qu'il ne *concevait clairement* que le mouvement local et qu'il ne pensait pas qu'il en fallût supposer d'autres dans la nature (2). » — « Je pense, ajoute-t-il ailleurs, que tous les corps sont faits d'une même matière (l'étendue) et qu'il n'y a rien qui fasse de la diversité entre eux, sinon que les petites parties de la matière qui composent les uns ont d'autres figures ou sont autrement arrangées que celles qui composent les autres. »

Mais supposer qu'il n'y a dans les corps qu'étendue et changements de figures, n'est-ce pas nier à priori l'activité des corps, dont les changements et les transfor-

---

(1) Cette définition a donné lieu à bien d'autres difficultés que nous avons cru pouvoir négliger parce qu'elles ont moins d'importance. Ainsi elle rend impossible le mouvement *absolu*, c'est-à-dire celui qui ne serait pas *relatif à un autre corps*; par exemple, le mouvement de *l'ensemble* des mondes créés, ou bien le mouvement d'une planète si Dieu l'avait créée toute seule... Le mouvement *sur place* d'un bateau, par exemple, ou d'un poisson qui résiste à un courant, serait pareillement impossible, etc. etc.

(2) Nous pourrions faire remarquer que le mouvement local lui-même est bien moins clair pour l'intelligence que pour le sens : « Motu locali nihil apertius sensibus, intellectui obscurius nihil. »

mations innombrables produisent précisément ces changements de figure? N'est-ce pas nier la force dont on constate les effets?

D'autre part, supposer qu'il n'y ait dans les corps que des changements de figures ou des changements purement locaux, n'est-ce pas supposer que tous les autres changements de qualité ou de quantité que nous y avions constatés ne sont que des illusions des sens? n'est-ce pas supprimer d'un trait de plume la réalité de tous les phénomènes sensibles, sauf l'étendue et la figure, en attendant que ces deux sensibles privilégiés soient forcés par la logique des choses à se soumettre à l'étiquette commune: *illusion des sens, formes subjectives* à priori *de la sensibilité?*

En un mot, n'est-ce pas nier les faits les plus évidents de la nature, sous prétexte qu'ils sont mystérieux, et qu'il ne faut admettre en son esprit que des « idées claires »?

Où nous conduirait une telle méthode, ou plutôt où ne nous conduirait-elle pas ! « Au lieu d'observer et d'interpréter la nature, on la mutile et on la refait à son caprice; on supprime des phénomènes, et on en suppose d'autres; parce qu'on ne comprend pas la nature telle qu'elle est, on l'imagine telle qu'on la veut (1). » La science risque de n'être plus qu'un roman scientifique.

Sans doute, si Descartes était arrivé par voie expérimentale à expliquer par de simples groupements d'atomes et des mouvements locaux les phénomènes physiques et chimiques, les phénomènes sensibles et surtout les phénomènes vitaux qui sont en apparence les plus éloignés du mouvement brut, il aurait eu le droit de supprimer les deux autres espèces de mouvements, et nous n'aurions plus qu'à nous incliner devant l'évidence de ses démonstrations. Mais, nous ne saurions trop le redire, ce n'est pas ainsi qu'il a procédé.

Descartes n'a nullement demandé à l'observation exté-

---

(1) B.-St-Hilaire. *Préface de la Physique*, p. cxlvii.

rieure le secret de la nature du mouvement; son génie mathématique l'a conçu tout d'une pièce, à priori, par la méthode des « *idées claires* ». Qu'on nous permette d'en apporter ici les preuves et d'insister un peu plus sur un fait si important. « J'ai premièrement, nous dit-il lui-même, considéré en général toutes les notions claires et distinctes qui peuvent être en notre entendement touchant les choses matérielles, et n'en ayant point trouvé d'autres, sinon celles que nous avons des figures, des grandeurs et des mouvements et des règles suivant lesquelles ces trois choses peuvent être diversifiées l'une par l'autre, lesquelles règles sont les principes de la géométrie et de la mécanique, j'ai jugé qu'il fallait *nécessairement* que toute la connaissance que les hommes peuvent avoir de la nature fût tirée de cela seul, pour ce que toutes les autres notions que nous avons des choses sensibles étant obscures ou confuses ne peuvent servir à nous donner connaissance d'autres choses hors de nous, mais plutôt la peuvent empêcher (1). »

Ainsi cette double affirmation que tout est étendue et mouvement mécanique, et qu'il n'existe rien autre chose dans la nature, sort directement de la méthode de Descartes. Puisqu'il ne trouve en son esprit que ces deux « idées claires », il faudra bien s'en contenter et essayer de reconstruire l'univers sans autres matériaux.

C'est d'abord au monde des phénomènes sensibles qu'il applique son nouveau procédé de simplification. « Quant aux autres choses, nous dit-il, comme la lumière, les couleurs, les sons, les odeurs, les saveurs, la chaleur, le froid et les autres qualités qui tombent sous l'attouchement, elles se rencontrent dans ma pensée avec tant d'obscurité et de confusion que j'ignore si elles sont vraies ou fausses (2). » En conséquence, il n'hésite pas à les traiter comme fausses et illusoires. Il n'y aura dans les phénomènes sensibles qu'étendue et changements de figures. Tout le reste sera reporté au chapitre des illusions de

(1) Descartes, *Princip.*, l. IV, art. 203; l. III, 518.
(2) Trois., *Medit.*, I, 277.

l'esprit, au risque d'obscurcir singulièrement les « idées claires » de ce chapitre... Mais, du moins, les phénomènes vitaux trouveront-ils grâce devant lui? Loin de là. Au lieu d'être plus clairs que les phénomènes sensibles, ne sont-ils pas encore plus obscurs? Donc, ils vont subir le même sort : ils sont semblables, nous dit-il, aux autres phénomènes mécaniques; quoiqu'ils soient plus complexes, ils font partie de la machine universelle. Le corps vivant est donc une machine « où toutes les fonctions résultent de la seule disposition des organes, ni plus, ni moins que les mouvements d'une horloge ou autre automate de celle de ses contrepoids ou ressorts (1) ». — « Le corps vivant, nous dit-il ailleurs, possède un principe de mouvement emprunté au mouvement extérieur. C'est une chaleur, un de ces feux sans lumière comme ceux qui s'allument dans le vin qui fermente. » — « C'est un feu qui fait la vie tant qu'il brûle, c'est lui qui, en s'éteignant, fait la mort (2). » — Enfin « le sang produit dans le cerveau un certain vent très subtil, ou plutôt une flamme très vive et très pure » (3); ce sont-là les « esprits animaux » non moins célèbres que les plus fameuses entités scolastiques, et qui ont eu la singulière fortune d'être mis au rang des « idées claires ».

Non seulement c'est à priori que tout corps est réduit à l'étendue et au mouvement mécanique, mais les lois elles-mêmes de ce mouvement seront construites à priori uniquement fondées sur l'idée de Dieu, de son immutabilité, ou de quelque autre « idée claire ».

Cette loi, par exemple : la quantité de mouvement demeure constante dans le monde matériel; quelle en est la preuve? C'est que Dieu étant immuable « doit conserver en l'Univers par son concours ordinaire autant de mouvement et de repos qu'il en a mis en le créant (4) ».

Ou bien cette autre loi : tout corps qui se meut tend

---

(1) *De l'homme*, IV, 428.
(2) *Disc. de la méth.* 5ᵉ p. I, 174. — 4ᵉ p. VIII; IV, 43.
(3) *L'homme*, IV, 354. — *Dioptriq.* disc. 4ᵉ V, 39.
(4) Descartes, *Principes*, 2ᵉ part.

à continuer son mouvement en ligne droite, et non pas en ligne circulaire. Pourquoi ? Parce que Dieu doit le produire en la matière par une opération très simple. Or, « de tous les mouvements il n'y a que le droit qui soit entièrement simple et dont toute la nature soit comprise en un instant (1). »

Enfin les conditions dans lesquelles ces lois supposent le mouvement des corps sont toujours des conditions abstraites que l'expérience est impuissante à vérifier. Ainsi il suppose « que les corps sont parfaitement durs et tellement séparés de tous les autres, qu'il n'y en ait aucun autour d'eux qui puisse aider ou empêcher le mouvement » (2).

Ce trait du génie géométrique de Descartes et de sa méthode à priori et déductive est si frappant, pour tout lecteur impartial de ses ouvrages, que nos philosophes modernes les plus indépendants ont fini par le reconnaître et le proclamer. Voici un de leurs témoignages.

« Jamais physicien ne fut, semble-t-il, plus dédaigneux de l'expérience que Descartes. Au lieu d'induire des faits observés les lois qui les régissent, il prétend les déduire des notions pures de l'entendement (3). L'expérience semble peser si peu pour lui, qu'il invite son lecteur « à sortir « de ce monde, pour en venir voir un autre tout nouveau, « qu'il fera naître en sa présence dans les espaces ima- « ginaires » (4). Il dirait volontiers : pour faire la théorie du monde matériel, il faut perdre jusqu'au souvenir de la matière, ne rien emprunter aux représentations sensibles, tout demander à l'entendement pur, négliger tous les résultats de l'observation et « considérer seule- « ment ces semences de vérités qui sont naturellement « en nous-mêmes ». De ces semences, idées claires et distinctes de l'étendue, de la figure et du mouvement,

---
(1) Descartes. *Le monde*, IV, 261.
(2) Descartes. *Princip.*, l. II, art. 46; III, 168.
(3) « Si nous voulons trouver ce que c'est que l'effet, il faut d'abord connaître la cause, et non pas l'effet avant la cause. » *Regul.* Reg. 6; XI, 228.
— Cfr. *Disc. de la métaph.*, 6º part. I, 194.
(4) Descartes. *Le monde*, ch. vi; IV, 246.

il fait sortir par une déduction progressive, les lois générales du mouvement, la formation des cieux, des astres, de la terre, l'explication de la lumière et des principaux phénomènes physiques, celles de la vie et des phénomènes les plus obscurs qui s'y rattachent, en un mot une théorie géométrique et mécanique de l'univers corporel (1) ».

Et cependant on ne saurait douter que ce puissant géomètre ne fut aussi un observateur curieux et infatigable; son histoire, sa correspondance, ses ouvrages, ses premières expériences de vivisection, ses découvertes en témoignent hautement. Mais, pour Descartes, l'expérience a une portée secondaire et bien différente de celle que nous lui assignons aujourd'hui lorsque nous la considérons comme la source directe de nos connaissances. Voici le rôle auquel elle se trouve réduite.

D'abord elle nous indique à quels faits nos théories devront être appliquées. Les faits observés ne sont plus que les « poteaux indicateurs » qui nous montrent le chemin que doivent suivre les déductions de nos principes à priori. D'autant plus que, selon la remarque de Descartes lui-même, de tels principes « sont si amples qu'on en pourrait déduire beaucoup plus de choses que nous n'en voyons dans le monde ».

En second lieu, comme un monde ainsi reconstruit à priori par des idées rationnelles n'est encore qu'un monde *possible* qui peut être fort différent du monde réel, il faut appeler en témoignage l'expérience pour qu'elle nous marque les ressemblances au moins partielles entre nos théories et les faits. Mais comme il est facile, avec la meilleure bonne foi, d'interpréter les faits scientifiques de manière qu'ils cadrent avec nos théories préconçues, surtout dans certaines sciences en voie de formation qui, suivant la parole du docteur Longet, « sont si riches en faits, qu'elles n'en refusent à aucun système !... » Et lorsque certains faits paraissent réfrac-

---

(1) *Descartes*, par M. Liard, anc. recteur de l'Académie de Rouen, actuellement directeur de l'enseignement supérieur, p. 111.

taires ou moins dociles, comme il est facile à ceux qui avec Descartes tiennent en suspicion tout ce qui vient des sens, et font de l'évidence le monopole exclusif de la vérité rationnelle, comme il leur est facile de rejeter tous les phénomènes inexpliqués dans le domaine des illusions des sens, ou des formes subjectives de la sensibilité !...

Méthode vraiment très commode pour simplifier le monde des corps, mais qui a le double inconvénient de compliquer étrangement le monde de l'esprit, et de nous fabriquer un monde matériel tout géométrique et fort différent de celui que nous avons sous les yeux.

Dans ces conditions, l'expérience est devenue la très humble servante de la « Raciocination », elle a perdu à la fois sa dignité et son autorité.

Nous croyons donc pouvoir conclure avec l'auteur déjà cité : « S'il est faux que le démon de la géométrie ait perdu Descartes, il l'a du moins égaré. »

Alors même que la réduction de tous les corps à une matière unique *qui serait l'étendue géométrique* (1) ! et de tous les phénomènes à des mouvements mécaniques devrait être le dernier mot de la science future, ces théories d'ailleurs si contraires à toutes les apparences, devraient être le résultat final de nos observations, le couronnement dernier de la science, et non pas le point de départ et le principe de nos déductions scientifiques.

Sans doute, nos modernes ont essayé de corriger Descartes, dans ce qu'il avait de plus exagéré. Le mouvement n'est plus pour eux un mouvement géométrique et abstrait, c'est le produit d'une force interne, d'une énergie active (2). De plus, ils font profession de rejeter

---

(1) Descartes. *Princip.*, p. 2, n°ˢ 10 et 21.

(2) Aristote avait eu soin de nous faire observer « qu'en géométrie, si l'on dit qu'il y a mouvement, c'est une *pure fiction*, puisque de fait aucun des êtres qu'elle considère n'est mû réellement. » — « In illis enim, ut aiunt, motiones fingunt : Mathematicorum namque moveri nullum ! » — Καὶ γὰρ τὸ κινεῖσθαι, ὥς φασι, πλάττουσιν ἐπ'αὐτῶν· οὐ γὰρ κινεῖσθαι τῶν μαθηματικῶν οὐδέν. — *De motione animalium*, I.

de la science toute conception à priori et de rechercher dans la nature elle-même les notions et les lois qui l'expliquent.

Mais pourrions-nous affirmer sans crainte qu'ils ne subissent plus l'influence et la direction toute-puissante que Descartes a imprimée aux générations nouvelles, qu'ils ne sont plus orientés à priori et comme fascinés par l'hypothèse grandiose de ce génie des mathématiques (1) ?

S'il en est autrement, pourquoi s'obstinent-ils à ne discuter jamais, et, tranchons le mot, à ignorer l'ancienne hypothèse que Descartes a exilée de la science pour lui substituer la sienne ? D'où vient qu'ils n'ont pas essayé de renouer connaissance avec cette théorie tout expérimentale du mouvement, que les deux plus grands génies de la civilisation grecque ont opposée à la théorie mécanique déjà soutenue par Épicure, si victorieusement qu'elle a pu leur survivre et régner, non sans quelque gloire assurément, depuis le siècle de Périclès jusqu'au siècle de Descartes ?

Lorsque la science moderne, moins indifférente pour ses propres origines, se sera décidée à étudier et à approfondir cette grande théorie péripatéticienne du mouvement, peut-être reconnaîtra-t-elle qu'elle est le fruit de l'observation la plus sincère et nullement le résultat d'idées à priori ; qu'elle est moins étroite, qu'elle laisse le champ plus vaste aux explications des phénomènes plus complexes de la vie végétative et animale ; et qu'elle n'est pas moins grandiose que la conception cartésienne, puisqu'elle résume tous les phénomènes de l'univers dans une idée, l'idée du mouvement, mais du mouvement

---

(1) Nous pourrions en dire autant de l'influence de Kant en Allemagne. En voici un aveu sous la plume de Wundt : « La base fondamentale philosophique des sciences naturelles modernes, en général, et en particulier de la théorie des sens a reposé, jusqu'à ce jour, sur les idées de Kant. La doctrine des *énergies spécifiques* est un écho physiologique de la tentative de Kant, de découvrir les conditions données à priori de la connaissance ou bien (ce qui est équivalent) ses conditions subjectives, comme on le voit très clairement chez M. J. Müller, le représentant le plus éminent de cette théorie. » Wundt. *Éléments de psych. phys.*, I, 361.

entendu dans son sens le plus large, le plus élevé et le plus conforme à la réalité observée ; peut-être finira-t-elle par reconnaître qu'une synthèse qui élève l'esprit humain à des hauteurs si sublimes témoigne pour le moins d'autant d'ampleur et de simplicité de génie!...

Et attendant ce retour qui, grâce à Dieu, commence à se dessiner, qu'il me soit permis de conclure avec B.-S.-Hilaire : « Je préfère donc encore la définition aristotélique à la définition cartésienne ; et au risque de provoquer quelques sourires parmi les savants de notre époque, je m'en tiens à l'*Acte du possible*, avec les explications que j'ai données plus haut (1). »

VI

LE MOTEUR EN ACTE PEUT MOUVOIR LE MOBILE EN PUISSANCE

Après avoir constaté dans la nature ces deux états si différents, l'acte et la puissance, et fait remarquer que le passage de la puissance à l'acte était l'essence même du mouvement, nous sommes amenés à rechercher comment s'effectue ce passage de la puissance à l'acte, comment l'acte du moteur peut mouvoir la puissance du mobile.

Et d'abord *constatons* que le moteur meut réellement son mobile, qu'il est vraiment *cause efficiente* de l'effet qu'il produit. L'expérience la plus vulgaire suffirait à le démontrer.

Dans les changements successifs des êtres qui nous entourent, il y a deux espèces de relations différentes : tantôt relation de simple succession, tantôt relation de causalité.

La nuit succède au jour, le jour à la nuit ; les êtres naissent et meurent successivement les uns après les autres ; nous ne constatons dans ces faits qu'une simple succession. Nous ne voyons nullement que le jour soit

---

(1) B.-St.-Hilaire. *Préface de la Physique*, p. 126.

cause de la nuit, que la mort de Pierre soit cause de la mort de Paul.

Au contraire, lorsque, sous l'empire de ma volonté, je remue ma main ou mon bras, j'aperçois avec évidence une relation spéciale entre l'acte de ma volonté et l'action de mon bras ou de ma main : l'un a produit l'autre, c'est une causalité.

De même, la relation entre la statue de marbre et l'ouvrier qui l'a sculptée, entre l'explosion de la poudre à canon et le départ du projectile, entre le choc du projectile et la brèche faite au rempart, ne sont pas de simples relations de succession, mais de causalité : l'un a vraiment produit l'autre.

Ce fait de l'existence des causes efficientes est aussi manifeste que celui de l'existence du mouvement au sein de la nature. Sans doute, c'est un fait mystérieux que le philosophe a mission d'expliquer, mais il n'a pas le droit de le nier.

Voilà pourquoi nous ne suivrons ni Leibnitz (1) ni Malebranche (2) dans leurs hypothèses d'occasionalisme ou d'harmonie préétablie, parce qu'elles ne sont pas une explication, mais une négation du problème qui se pose et qui s'impose.

Dire que ce n'est pas ma volonté qui meut mon bras, ni l'explosion de la poudre qui lance le projectile, mais

(1) « La créature est dite *agir* au dehors en tant qu'elle a de la perfection, et *pâtir* d'une autre en tant qu'elle est imparfaite... Une créature est plus parfaite qu'une autre en ce qu'on trouve en elle ce qui sert à rendre raison à priori de ce qui se passe dans l'autre, et c'est par là qu'on dit qu'elle agit sur l'autre. Mais dans les substances simples, *ce n'est qu'une influence idéale* d'une monade sur l'autre, qui ne peut avoir son effet que par l'intervention de Dieu, en tant que dans les idées de Dieu une monade demande avec raison que Dieu, en réglant les autres dès le commencement des choses, ait égard à elle. Car puisqu'une monade créée *ne saurait avoir une influence physique sur l'intérieur de l'autre*, ce n'est que par ce moyen que l'une peut avoir de la dépendance de l'autre. Et c'est par là qu'entre les créatures les actions et les passions sont mutuelles. Car Dieu, comparant deux substances simples, trouve en chacune des raisons qui l'obligent à y accommoder l'autre. » — Leibnitz. *La Monadologie*, § 50 et seq.

(2) Voy. Malebranche. *Recherche de la Vérité*, l. VI ; p. 2 ; ch. III — *Eclaircissements*, 15.

que c'est Dieu lui-même qui, à l'occasion de ma volonté, remue mon bras, qui lance le projectile à l'occasion de l'explosion de la poudre, c'est dire une chose évidemment contraire au témoignage de la conscience ou de l'expérience externe.

Il ne serait pas plus satisfaisant de dire que ma main se remue d'elle-même à l'occasion de ma volonté, que le projectile part de lui-même, que le rempart se renverse de lui-même à l'occasion du coup de canon, parce que Dieu l'aurait ainsi réglé dès l'origine du monde !...

De plus, ce serait refuser à Dieu la puissance nécessaire pour créer des êtres capables d'agir, et surtout lui refuser de pouvoir créer l'homme à son image et à sa ressemblance en lui communiquant la plus excellente de toutes nos facultés, la volonté libre. Ainsi se trouverait détruite dans la création, nous dit saint Thomas, par l'incapacité même du Créateur, l'harmonie qui règne entre les causes et leurs effets : « Sic subtraheretur ordo causæ et causati a rebus creatis ; quod pertinet ad impotentiam creantis. Ex virtute enim agentis est, quod suo effectui det virtutem agendi (1). »

Ajoutons encore une autre preuve du Docteur angélique qui nous paraît décisive et sans réplique. Ce serait, nous dit-il, ce serait la ruine de toute connaissance scientifique.

En effet, nous ne pouvons connaître directement la nature des corps, les substances ne se manifestant pas à nous directement, tout le monde l'accorde ; nous ne les connaissons donc que par leurs actes, c'est-à-dire par leurs manières d'agir qui sont toujours conformes à leur manière d'être (operatio sequitur esse) ; et c'est pour cela que nous appelons ces opérations des *phénomènes*, précisément parce que l'être apparaît et se révèle dans son action. Si donc les corps n'agissent plus *ad extra*, si c'est Dieu qui agit à leur place, il nous devient impossible de connaître leurs manières d'agir,

(1) S. Th. *Sum*, *th.*, I, q cv, a. 5.

et la science de la nature et de son Auteur lui-même est ruinée par sa base. Voici les paroles mêmes du saint docteur.

« Si effectus non producuntur ex actione rerum creatarum, sed solum ex actione Dei, impossibile est quod per effectum manifestetur virtus alicujus causæ creatæ : non enim effectus ostendit virtutem causæ, nisi ratione actionis, quæ a virtute procedens ad effectum terminatur. Natura autem causæ non cognoscitur per effectum, nisi in quantum per ipsum cognoscitur virtus ejus, quæ naturam consequitur. Si igitur res creatæ non habent actiones ad producendum effectus, sequitur, quod nunquam natura alicujus rei creatæ poterit cognosci per effectum ; et sic subtrahitur nobis omnis cognitio scientiæ naturalis, in quâ præcipue demonstrationes per effectum sumuntur (1). »

Il faut donc bien admettre que le moteur meut le mobile, que l'acte meut réellement la puissance ; mais il nous reste à l'expliquer, ou du moins à soulever un peu le voile qui couvre à nos yeux un si profond mystère.

Pour cela nous examinerons successivement :

1° La nature de l'effet produit dans une puissance passive et dans une puissance active ;

2° L'origine de l'effet produit ;

3° Comment le moteur peut agir hors de lui-même pour produire son effet.

VII

NATURE DE L'EFFET PRODUIT DANS UN MOBILE PASSIF OU ACTIF

La nature de l'effet produit par l'action du moteur sur le mobile sera fort différente, suivant que ce mobile sera une puissance purement passive, ou bien une puissance à la fois passive et active, c'est-à-dire capable de *réagir* elle-même.

Nous avons déjà distingué la puissance passive de la puissance active, et nous en avons montré plusieurs

(1) *Contra Gent.* l. I, c. IX.

exemples. L'homme *peut* marcher, il *peut* parler : c'est une puissance active qui n'attend que l'excitation intérieure ou étrangère pour agir. La cire *peut* recevoir l'empreinte du cachet, le fer *peut* rougir dans la fournaise : c'est une puissance passive, une aptitude à subir telle ou telle modification. La première est une puissance d'agir, la seconde est une puissance de subir, une disposition à se laisser mouvoir et modifier.

On voit dès maintenant l'attitude fort différente d'un mobile purement passif, et d'un mobile capable de déployer une activité propre.

Dans le premier cas, le mobile passif, recevra l'acte du moteur sans y rien ajouter, et par conséquent lui deviendra semblable sous quelque rapport. C'est ce premier résultat que l'École a exprimé par cette formule : « *Agens agit simile sibi.* » Si nous en demandons la raison à saint Thomas, il nous répondra en peu de mots, moins par un raisonnement que par une explication simple et lumineuse. L'acte d'une force naturelle, nous dit-il, est l'expression même, la manifestation de cette force, et cette manifestation, quoique partielle et incomplète, n'en est pas moins vraie et sincère, car une force ne peut agir que conformément à sa nature. « De natura agentis est, ut agens agat sibi simile, quum unumquodque agat secundum quod est actu (1). »

Donc, si l'acte est l'expression et la ressemblance de l'agent, recevoir cet acte d'une manière purement passive sera recevoir sa ressemblance.

Agir, nous dit encore le Docteur angélique, c'est se communiquer par son acte à celui qui peut le recevoir, et dans la mesure où il est capable de le recevoir. « Agere est communicare illud per quod agens est in actu, secundum quod possibile est. »

S'il est de l'essence d'un agent de s'assimiler le patient, *agens agit simile sibi*, nous devons en conclure qu'un agent ne saurait agir sur un patient parfaitement semblable : *agens non agit in simile;* et cette seconde

(1) *Contra Gent.*, l. 1; c. xxix.

loi pourra nous servir à contrôler l'exactitude de la première d'où elle découle nécessairement. En effet, agir suppose que le moteur est en acte et que le mobile est seulement une puissance, car si le mobile était déjà en acte sous le même rapport que le moteur, il n'y aurait plus lieu de le faire passer de la puissance à l'acte, et le moteur n'aurait plus d'action possible sur lui, sous ce rapport. Il faut donc que le moteur et le mobile soient dissemblables par quelque qualité; ou, du moins, s'ils ont les mêmes qualités, il faut qu'ils ne les possèdent pas l'un et l'autre au même degré.

L'expérience vient confirmer cette règle, malgré quelques apparences contraires. Ainsi une bille d'ivoire en mouvement ne peut agir sur une autre bille qui aurait un mouvement semblable qu'à la condition d'avoir une vitesse, ou une masse, ou une direction différentes. Un corps froid, plongé dans de l'eau chaude, commence par s'échauffer; mais, lorsqu'il aura atteint la température de l'eau, lorsque l'égalité ou l'équilibre de température se sera rétabli, la chaleur de l'eau ne pourra plus modifier la sienne, parce que « le semblable n'agit pas sur son semblable ».

Mais ce ne serait pas assez d'avoir étudié la nature de l'effet sur la puissance purement *passive*, il faut encore étudier la puissance *active* qui s'y trouve très souvent surajoutée et qui y provoque ce qu'on appelle une *réaction*. L'expérience nous montre en effet qu'une petite cause provoque souvent de grands effets ou des effets fort différents de la cause extérieure qui semble l'avoir produite. Un léger frottement provoque l'explosion violente de la dynamite ou du picrate de potasse; la harpe produit des sons mélodieux sous les doigts d'un artiste; une piqûre d'épingle excite en moi la connaissance et la douleur; l'attraction de la terre cause également la chute de la pluie et l'ascension des ballons, etc. La *réaction* peut atteindre jusqu'à l'agent lui-même, qui devient à son tour patient; ainsi c'est un principe fondamental en mécanique que tout corps exerçant une action sur un autre corps en éprouve une réaction égale et contraire. Nos anciens philosophes diraient pareillement : *Omne agens agendo repatitur*, et Aristote a soin de nous faire remarquer qu'il n'y a d'exception que pour Dieu, le premier moteur, qui ne saurait éprouver de résistance à vaincre, ni passer de la puissance à l'acte : d'où l'axiome applicable à l'agent parfait : « *Agens agendo non movetur*. »

Ces exemples nous ont déjà fait comprendre que dans ces cas l'agent n'opère pas sur la puissance active comme une cause véritable, c'est-à-dire *efficiente* et *formelle*, mais seulement comme cause *excitatrice* de l'activité cachée dans le patient, et que celui-ci, après avoir reçu l'impulsion de l'agent, réagit à son tour suivant sa nature propre par des opérations qui peuvent être fort différentes de celles du premier agent et même de beaucoup supérieures : ainsi l'objet matériel peut provoquer l'acte de connaissance sensible et intellectuelle, l'aliment matériel provoque l'acte vital d'assimilation... La réaction est donc toujours conforme à la nature du patient qui réagit et nullement à la nature de l'agent qui l'a provoqué : c'est cette vérité que l'École a ainsi formulée : « *Quidquid recipitur active ad modum recipientis recipitur ;* » ou bien : « *Receptum est in recipiente per modum recipientis.* » Cette loi qui régit la puissance active est précisément l'inverse de celle qui caractérise la puissance passive, laquelle prend toujours la forme de l'agent, suivant l'axiome déjà cité : « *Agens agit simile sibi.* »

Au fond, ces principes se ramènent à celui-ci, qui n'est qu'une des nombreuses formes du principe d'identité : l'acte d'un agent est conforme à la nature de cet agent. Voilà pourquoi le mobile, lorsqu'il réagit est modifié conformément à sa propre nature, tandis que lorsqu'il subit et reçoit une action étrangère, il est modifié conformément à la nature de l'agent qui l'a produite.

Ce serait donc un véritable contre-sens de dire que l'acte de l'agent change de nature parce qu'il est reçu dans le patient : ce serait confondre les deux états très distincts que le mobile peut successivement traverser : la *passion* et la *réaction*. Aussi saint Thomas n'a-t-il pas oublié de nous prévenir contre cette grave erreur. L'acte de l'agent, nous dit-il, parce qu'il est reçu dans le patient n'est pas pour cela conforme à la nature du patient, il est seulement proportionné à la capacité de celui-ci ; en ce sens que le mobile ne recevra pas cet acte s'il n'est pas capable de le recevoir et qu'il ne le recevra que dans la mesure de sa capacité : c'est-à-dire d'une manière plus ou moins adéquate. L'eau ne change pas de nature parce qu'elle est reçue dans une amphore, bien qu'elle n'y soit reçue que dans une certaine mesure. C'est ainsi que le Docteur angélique nous met en garde contre une fausse interprétation du fameux principe cité plus haut. « Cum dicitur unumquodque esse in alio secundum modum ejus in quo est, intelligitur quantum ad capacitatis ipsius modum, non quantum ad naturam ejus. Non enim oportet ut id quod est in aliquo habeat naturam et proprietatem ejus in quo est ; sed quod recipitur in eo secundum capacitatem ipsius. Manifestum est enim quod aqua non habet naturam amphoræ (1). »

Après avoir bien distingué la cause *efficiente et formelle* qui produit dans une puissance passive un effet semblable, de la cause *provocatrice* qui excite dans une puissance active une réaction d'une nature bien différente, nous nous expliquerons facilement pourquoi nous pouvons connaître la nature de la vraie cause par son *effet*, tandis qu'il nous serait impossible par la seule contemplation de la nature de la *réaction* de connaître la nature de la cause provocatrice que l'école a si justement nommée *cause équivoque*.

Les forces de la nature se manifestent en effet par leurs actes, et leurs actes par les effets qu'ils *produisent* naturellement, et non point par les effets qu'ils *occasionnent*. Sans doute ces manifestations elles-mêmes sont toujours incomplètes : un être n'opère pas à la fois tout

(1) *Qq. Disput. De anima*, q. 1, art. 10, ad. 14.

ce qu'il peut opérer ; il agit sous tel rapport, il n'agit pas sous tel autre. Ainsi l'empreinte du cachet sur la cire nous révèle la forme du cachet, et nous laisseignorer s'il est d'or ou d'argent. Mais il n'en est pas moins vrai de dire que chaque action nous manifeste réellement une des mille faces de l'agent, qu'elle soulève chaque fois une partie du voile qui cache sa nature, et rend chaque jour notre science moins imparfaite et plus adéquate. La raison en a été résumée dans cette formule : « Quidquid perfectionis in effectu est, in causa ipsius aliquo modo præcontinetur. » L'effet est contenu dans sa cause ou d'une manière semblable et de même espèce, *formaliter*, ou d'une manière semblable mais éminente, *eminenter*, si la cause est plus parfaite et d'un ordre plus élevé.

Au contraire, la nature de *l'effet-réaction* n'est nullement contenue dans la nature de la *cause équivoque*, et nous contemplerions éternellement, par exemple, la nature d'un coup de canon, sans pouvoir arriver à connaître celui qui l'a tiré.

Que si parfois il nous suffit de voir *l'effet-réaction* pour reconnaître la cause équivoque, si nous pouvons reconnaître celui qui parle au ton de sa voix, ou un musicien à son jeu, c'est que nous connaissions déjà la personne et le signe par lequel elle se manifeste ou se trahit. Le signe suppose toujours la connaissance préalable de la chose signifiée, bien loin de la faire connaître pour la première fois.

Nos lecteurs peuvent déjà entrevoir les applications importantes que nous aurons bientôt à faire de ces principes à la théorie de la connaissance sensible. Nous les indiquerons plus loin.

Une autre grave conséquence de cette doctrine et que nous ne pouvons nous empêcher de signaler au moins en passant, c'est que le même être peut *se mouvoir lui-même* comme cause excitatrice et équivoque, tandis qu'il ne peut se mouvoir lui-même comme cause efficiente et formelle.

En effet, si je *m'excite* à parler, à écrire, je suis à la fois en acte et en puissance, mais pour deux actions différentes : je suis en acte de m'exciter ou de vouloir, et en puissance de parler ou d'écrire. Au contraire, il est impossible d'être à la fois en acte et en puissance pour la même action. Ainsi je ne puis me donner l'existence ou la vie à moi-même ; ce serait évidemment contradictoire : j'existerais puisque je donnerais l'existence, et en même temps je n'existerais pas puisque j'aurais besoin de recevoir l'existence.

Cette vérité fondamentale, d'une si haute portée, puisqu'elle nous élève jusqu'à Dieu, le premier moteur de la nature, a été résumée par Aristote dans l'axiome célèbre : « *Quidquid movetur ab alio movetur.* » Proposition qui, pour ceux qui l'ont pénétrée et comprise, n'est ni obscure, ni subtile, ni inutile, mais plutôt lumineuse et invincible comme les plus beaux théorèmes d'Euclide. C'est la réduction géométrique du principe de causalité ou de raison suffisante au principe premier de contradiction ou d'identité.

VIII

ORIGINE DE L'EFFET PRODUIT

Après avoir établi que l'effet produit dans une puissance passive est toujours semblable à l'agent (tandis que le deuxième effet appelé réaction est toujours conforme à la nature du patient qui réagit), nous allons essayer de pénétrer plus avant dans la nature intime de cet effet, en nous posant sur son origine le problème suivant.

La bille A ayant frappé la bille B, qui était en repos, et lui ayant communiqué un mouvement semblable au sien, on demande quelle est l'origine du mouvement produit : Est-ce une activité nouvelle qui s'est réveillée dans la bille choquée, ou bien serait-ce une partie de l'activité de la première bille qui aurait passé dans la seconde ?

Tel est le problème que nous avons à résoudre. Les

raisons qui inclineraient vers la deuxième hypothèse se tirent principalement de la loi que les physiciens ont nommée : la loi de la conservation des forces ou de l'énergie (1).

L'énergie que le Créateur a déposée dans la nature se communique, se transforme, mais la quantité totale n'augmente ni ne diminue jamais. Ainsi, en chimie, le poids total des molécules d'hydrogène et d'oxygène que l'on va combiner ensemble est identique au poids de l'eau qui résultera de leur combinaison.

En mécanique, en physique, la somme des forces vives, des pressions, des tensions, etc., reste invariable dans tous les phénomènes.

Ainsi, par exemple, si la boule de billard A était animée d'une force vive égale à 10, avant de frapper la boule B, et qu'après le choc celle-ci se trouve avoir acquis une force vive égale à 6, on peut en conclure que la première boule aura perdu exactement la même quantité, et qu'il ne lui restera plus qu'une force vive égale à 4. En sorte que le total des forces vives $\frac{MV^2}{2}$ avant et après le choc, sera parfaitement identique. L'une aura exactement gagné ce que l'autre aura perdu. Remarquons toutefois que pratiquement la force vive n'aura pas été transmise intégralement sous forme d'énergie mécanique, mais sous diverses formes : chaleur, électricité, etc., dont il faudrait réunir les quantités pour avoir la somme intégrale.

De ce phénomène il semblerait au premier abord que l'on eût le droit de conclure qu'une partie du mouve-

---

(1) Les traités de mécanique définissent ainsi l'énergie : « Puissance mécanique cause du travail ou de la force vive. » On en distingue deux formes : 1° l'énergie *potentielle*, ou puissance d'une force qui sollicite un mobile. Elle rend le travail possible. 2° l'énergie *actuelle* qui réside dans une masse en mouvement. Elle se mesure par $\frac{MV^2}{2}$ et s'appelle souvent aujourd'hui *force vive*, ou bien *puissance vive* si l'on veut éviter de la confondre avec la force vive MV^2 des géomètres plus anciens. L'énergie potentielle se transforme en énergie actuelle ou vice versâ, et la somme des énergies demeure toujours constante. Voy. *Introduction à la théorie de l'Énergie*, par E. JOUFFRET, 1883.

ment du moteur a été réellement communiquée au mobile, et que celui-ci en a littéralement reçu une portion.

Mais si l'on approfondit davantage le problème, on arrive au contraire à une conclusion tout opposée. En effet, si le moteur transmettait réellement sa propre énergie comme il en dépense une partie dans le travail de la transmission elle-même, il ne pourrait communiquer *intégralement* au mobile, comme il le fait sous une forme ou sous une autre, la quantité de force qu'il a perdue. C'est donc une énergie nouvelle que le moteur a engendrée dans le mobile (1).

D'ailleurs, il est difficile de concevoir qu'une qualité puisse se détacher d'une substance et se fractionner pour passer dans une autre substance. Ceux-là même qui soutiennent la distinction réelle entre la substance et l'accident répugnent absolument à cette hypothèse et maintiennent le principe unanimement affirmé par l'École : « Impossibile est accidens transmigrare de subjecto in subjectum (2). »

Le phénomène en question nous paraît bien mieux expliqué en admettant que l'action du moteur a éveillé ou activé dans le mobile une force vive nouvelle, qui y était en puissance, dans la mesure exacte de la quantité de force vive dépensée par ce moteur pour produire son effet.

La nouvelle forme engendrée par l'acte du moteur sur la puissance du mobile est donc semblable, mais nullement identique à celle du moteur.

Que l'on ne dise point que ce pouvoir que nous attribuons au moteur ressemble trop à un pouvoir créateur, qu'il est trop au-dessus des forces d'une simple

(1) « Quod quidem non difficile est probatu. Motus ex corpore A transit in B, a B, in C, D, alia ; ergo ex motu qui est in A duo progignuntur, motus, qui transit in B, et ipsius motus transitus. Quodsi igitur iste motus non vere *efficeretur*... jam motus transiens in B necessario ad minorem quantitatem redactus esset. » P. Pech. *Institutiones phil.*, p. 51.

(2) S. Thomas IV. Sent. ; dist. 12 ; p. 1ᵃ ; a 4 ; q. IV. — Cfr. I, q. LXXV, a. 1, où le saint Docteur reproche cette erreur à Démocrite, « qui ponebat actionem esse per effluxionem atomorum e corpore agente, et passionem esse per receptionem earumdem in poris corporis patientis. »

créature (1). Il n'en est rien. Le moteur ne crée pas, mais il transforme seulement l'état du mobile. Ce n'est point une *création* qu'il opère, c'est une *évolution* naturelle. Créer, c'est tirer du néant une substance complète; transformer, c'est faire exister en acte une qualité (essentielle ou accidentelle) qui préexistait en puissance. « Agens creatum, nous dit saint Bonaventure, nullam quidditatem nec accidentalem omnino producit, sed existentem sub una dispositione facit esse sub alia (2). » « Actum extrahi de potentia materiæ, nous dit pareillement le Docteur angélique, nihil aliud est, quam aliquid fieri in actu, quod prius erat in potentia (3). » — « Forma præexistit in materia imperfecte, non quod aliqua pars ejus sit ibi in actu et alia desit, sed quia tota præexistit in potentia et postmodum tota producitur in actum (4). »

Aussi, pour que le moteur transforme le mobile, il faut qu'il trouve en lui des aptitudes ou des capacités spéciales qui correspondent à la nature de son action. Le cachet, par exemple, s'imprimera sur la cire et nullement sur le marbre, le feu consumera le bois et sera impuissant à consumer l'argile. C'est ce que l'Ecole a traduit par son axiome : « Potentia passiva correspondere debet activæ, » et réciproquement : « Activa passivæ correspondere debet. »

L'acte qui *transforme* ne ressemble donc en rien à l'acte créateur : il est essentiellement limité par la nature spécifique de l'agent et le degré d'énergie qu'il déploie; d'autre part, il est limité par la nature et la capacité du mobile à recevoir son action.

D'ailleurs, l'acte qui *transforme* n'est nullement indépendant de la puissance et du concours divin. Il n'est qu'un instrument et une cause seconde entre les mains

---

(1) P. Secchi, *op. cit.*, p. 61, 207, etc.
(2) *In libro II Sent.* dist. 7, p. 2, a. 2, q. I.
(3) S. Th. I ; q. LXXXX ; a. 2 ; ad. 2. — Cfr. Suarez. *Metaph.* d. 13; s. 9.; n. 8.
(4) S. Th. *Quæst. disp.* q. III, de pot. a. 8, n 6. ad 10 et 11. — *Opusc. de nat. mat.* c. VIII.

de Dieu à qui doit en revenir tout le mérite. « Nihil agit ad esse nisi per virtutem Dei, nous dit admirablement le Docteur angélique, sic ergo Deus est causa omnis actionis, prout quodlibet agens est instrumentum divinæ virtutis operantis... Ipsa naturæ operatio est etiam operatio virtutis divinæ sicut operatio instrumenti est per virtutem agentis principalis (1). » Et c'est précisément leur dépendance absolue de la cause première qui nous explique la merveilleuse efficacité des agents naturels.

Lors donc que nous entendrons nos physiciens modernes nous parler de mouvement qui *se subdivise*, qui *passe* d'un corps à un autre; ou bien de travail mécanique *échangé, absorbé, emmagasiné*, puis *restitué, mis en liberté;* lorsque nous entendrons nos savants dire et répéter, par exemple, que « les végétaux sont des récipients capables de tenir emmagasinées les forces vives des rayons du soleil »; que « la chaleur du soleil jadis emmagasinée dans les dépôts de charbon alimente aujourd'hui nos foyers et nos machines; qu'en réalité le charbon nous rend la chaleur qu'il a reçue antécédemment du soleil »; ou bien encore que « le coton par sa combustion restitue en qualité égale la chaleur qui avait été dépensée par le soleil, pour le développer au sein du végétal » (2); lorsqu'on nous parlera ce langage imagé, nous nous rappellerons que le divin poète avait aussi pu dire sans blesser la vérité :

Guarda il calor del sol che si fa vino
Giunto all' umor che dalla vite cola (3).

« Vois la chaleur du soleil qui se transforme en vin réunie à la sève qui coule de la vigne. » Il est clair que les rayons du soleil ne sont pas une substance qui se métamorphose en vin, en se combinant avec d'autres substances, ou qui se cache dans le charbon comme l'eau dans une éponge, pour en échapper à la moindre

---

(1) S. Th. *Quæst disp., de pot.* q. III, a. 7, ad 3.
(2) P. Secchi, Tyndall, Grove, Poncelet, etc. etc.
(3) Dante, *Purgat.*, xxvi.

pression ! Ce n'est là qu'une manière de résumer par une métaphore concise et saisissante les théories les plus belles et les plus élevées de la mécanique ou de la thermodynamique ancienne et moderne.

Dans la nature inanimée, tout phénomène est mouvement, « omnis actio agentis physici in motu est (1). » Or, le mouvement produit un autre mouvement (qu'on nous permette la comparaison), comme dans la nature vivante, la vie produit la vie, par une série indéfinie de rapprochements et de contacts pleins de fécondité. Tant est grande l'analogie qui relie les parties opposées du plan divin dans une merveilleuse unité !

Entendre autrement le langage scientifique que nous venons de rappeler, ce serait non seulement le priver de sa grandeur et de sa beauté, mais encore le rendre parfaitement inintelligible, puisqu'on supposerait que les accidents peuvent émigrer et voyager de substance en substance. « Ridiculum est dicere, observe le saint Docteur, quod idem numero calor qui est in calefaciente corpore transeat ad corpus calefactum, sed quia virtute caloris qui est in calefaciente corpore, alius calor numero fit actu in corpore calefacto, qui prius erat in eo in potentia (2). »

IX

COMMENT LE MOTEUR PEUT-IL AGIR HORS DE LUI-MÊME ?

Il paraît donc certain que le moteur agit sur le mobile, et que l'effet produit consiste à faire passer le mobile de la puissance à l'acte. Il nous reste à expliquer comment il se peut qu'un corps puisse agir dans un autre corps, comment un être peut agir *ad extra*, hors de lui-même.

Nous arrivons ainsi à la dernière question qui est sans doute la plus délicate et qui serre de plus près le problème que nous étudions.

Si nous voulons plus sûrement soulever quelque coin

---

(1) S. Th. *Opus. de nat. mat.*, c. I.
(2) S. Th. *Contra Gent.*, l. III, c. LXIX.

du voile mystérieux, commençons par nous défier de nos seules forces, suivons pas à pas nos grands docteurs, et ne dédaignons pas de nous laisser conduire par des guides si habiles dans des sentiers si malaisés. Ouvrons Aristote et saint Thomas, et consultons-les de préférence dans les chapitres où, traitant *ex professo* cette grave question, ils ont complètement développé leur pensée. Ouvrons par exemple le troisième chapitre du troisième livre de la Physique d'Aristote, et puis la quatrième leçon du commentaire de saint Thomas.

Après avoir défini le mouvement, le philosophe de Stagire commence à traiter des rapports du moteur et du mobile; et dès les premiers mots il va droit au cœur de la difficulté. « Ce dont on a coutume de douter, nous dit-il, devient ainsi évident, à savoir que le mouvement est bien dans le mobile dont il est l'acte, et qu'il vient du moteur qui le lui donne. Or, l'acte du moteur ne saurait être différent de celui du mobile, il faut qu'il y ait un seul acte pour les deux. » — « *Sed et id de quo dubitari solet, perspicuum fit, nempe motum esse in re mobili; est enim ejus actus et (procedit) ab eo qui movendi vim habet. Atque ejus quod movendi vim habet, actus non est diversus: oportet enim ambobus esse unum actum* (1). »

Puis il ajoute : « Le moteur est l'agent du mobile et par conséquent il n'y a qu'un seul acte pour le moteur et le mobile également. C'est ainsi qu'il n'y a qu'un seul et même intervalle de *un* à *deux*, ou de *deux* à *un*, ou bien entre les deux extrémités d'une route, soit qu'on la monte, soit qu'on la descende. (Le chemin est en effet le même, quoique dans un sens différent.) Ces deux choses n'en font donc qu'une, bien que leur définition ne soit pas unique. Il en est absolument de même pour l'acte par lequel le moteur meut et par lequel le mobile est mû. » — « *Movens est autem activum ipsius mobilis: quare similiter unum est utrisque actus* (2), quemad-

---

(1) Καὶ ἡ τοῦ κινητικοῦ δὲ ἐνέργεια οὐκ ἄλλη ἐστί· δεῖ μὲν γὰρ εἶναι ἐντελέχειαν ἀμφοῖν.

(2) Ὥστε ὁμοίως μία ἡμᾷοῖν ἐνέργεια.

modum idem est intervallum, sive species unum ad duo,
sive duo ad unum, necnon acclive et declive ; hæc enim
unum sunt, sed definitio non est una; similiter autem res
habet etiam in movente et eo quod movetur. »

Aussitôt se présente à la pensée d'Aristote une objection, mais une objection purement logique, dit-il, c'est-à-dire à laquelle il n'attache pas grande importance.
Voici comment il nous la présente :

« Il y a peut-être nécessité que l'acte ne soit pas le
même dans ce qui est actif et dans ce qui est passif,
car autre chose est d'agir, autre chose de pâtir. « Existit
autem dubitatio logica, quia fortasse necesse est esse
aliquem actum diversum effectivi et passivi ; alterum
enim est effecto, alterum passio. »

A cette objection voici la réplique immédiate. Mais si
vous supposez qu'il y a deux actes différents, où les
placerez-vous ? Ou vous les placerez tous les deux dans le
moteur, ou tous les deux dans le mobile, ou bien l'action
d'agir dans le moteur, et l'action de pâtir dans le mobile.
Mais qui ne voit que les deux premières hypothèses sont
évidemment déraisonnables et que la troisième est une
simple homonymie, une pure équivoque de mots, puisqu'on appelle action de pâtir une simple passivité du mobile. « Quum igitur ambo sint motus, si diversi sunt, in
quonam erunt ? aut enim ambo sunt in eo quod patitur
et quod movetur, aut effectio est in efficiente, passio
vero in patiente ; quod si et hanc vocare effectionem
oportet, sane homonymus erit. »

De plus, si l'action n'est que dans l'agent, et la
passivité dans le patient, il s'ensuivra que l'action de
l'agent devra trouver son terme en lui-même et se
mouvoir lui-même. Il sera à la fois moteur et mobile, ce
qui est contraire à l'hypothèse, ou bien l'action de
l'agent, n'aura aucun terme ni en lui ni dans un autre,
et il n'y aura pas de mouvement, c'est-à-dire qu'un
agent n'agira pas ; ce qui est contradictoire. — « At vero
si hoc est, motus erit in eo quod movet...; quare omne
movens movebitur, aut habens motum non movebitur. »

Revenons donc à la seule hypothèse raisonnable : c'est par le même acte que l'un agit et que l'autre pâtit. L'action et la passion, au lieu d'être séparées, sont réunies dans un seul acte. Serait-ce là un concept si difficile ? — « Sed erit unus actus ? »

On nous objecte, dit-il, qu'il est contre toute raison de soutenir que deux choses différentes en espèce puissent n'avoir qu'un seul et même acte. — « A ratione alienum duarum rerum specie diversarum unum et eumdem esse actum. » Que si enseigner et apprendre, agir et pâtir se font par le même acte, il en faudrait conclure que l'enseignement et l'étude, l'action et la passion sont identiques, et qu'on apprend toujours en instruisant, ou que l'on pâtit toujours en agissant. — « Et si quidem docendi ac discendi actus idem sunt necnon effectio et passio ; certe et docere erit idem quod discere, et facere idem quod pati. »

Aristote répond à cette objection en montrant que sa thèse, serait-elle fausse à un certain point de vue, est pourtant vraie à un point de vue différent. Et pourquoi ne dirait-on pas, s'écrie-t-il, qu'il n'est pas absurde de soutenir que l'acte d'une chose puisse être dans une autre chose ? — « An nec absurdum est, alius rei actum in alia re esse ? » Et aussitôt pour le prouver il fait appel aux faits les mieux constatés par l'expérience. L'enseignement, en effet, est bien l'acte du maître qui enseigne, et cependant il passe à un autre, c'est-à-dire dans le disciple enseigné sans se séparer toutefois de celui qui enseigne ; il est l'acte du maître dans le disciple. — « *An nec absurdum est alius rei actum in alia re esse ? Nam actus docendi est actus ejus quod docendi vim habet, in aliquo tamen est, neque abscissus, sed hujus in hoc* (1) ».

Donc rien n'empêche que deux choses différentes aient un seul et même acte, non pas de manière à

---

(1) Ἢ οὔτε τὸ τὴν ἄλλου ἐνέργειαν ἐν ἑτέρῳ εἶναι ἄτοπον (ἔστι γὰρ ἡ δίδαξις ἐνέργεια τοῦ διδασκαλικοῦ, ἔν τινι μέντοι, καὶ οὐκ ἀποτετμημένη, ἀλλὰ τοῦδε ἐν τῷδε).

rendre leur essence identique, mais de manière que ce qui est en puissance soit informé par ce qui est en acte. — « Nec quidquam prohibet unum et eumdem esse duarum rerum actum, non (ita) ut essentia sit eadem, sed (ita) ut id quod est potestate se habet ad id quod agit. »

On ne saurait donc logiquement en conclure que l'enseignement soit identique à l'étude (l'action identique à la passion); et en supposant même qu'agir et souffrir soient identiques (à un certain point de vue), cependant ils ne sont pas complètement identiques et synonymes, comme serait *habit et vêtement*, mais seulement comme la route de Thèbes à Athènes est identique à celle d'Athènes à Thèbes, quoiqu'elles soient dans un sens différent, nous l'avons déjà dit. « Nec necesse est eum qui docet discere ; ne si quidem facere et pati idem sint, non sint tamen ita ut una sit ratio quidditatem explicans, qualis est vestimenti et indumenti, sed ut via quæ Thebis Athenas, et quæ Athenis Thebas ducit, sicut et ante dictum fuit. »

Pareillement de ce que c'est par le même acte que le maître enseigne et que l'élève est enseigné, on ne peut nullement en conclure qu'enseigner soit la même chose qu'apprendre ; de même que la distance restant la même entre les deux extrémités d'une route on ne peut dire que ce soit une seule et même chose de la monter ou de la descendre. « At vero nec si actus docendi est idem quod actus discendi, propterea etiam discere est idem quod docere ; quemadmodum nec si distantia est una eorum quæ distant, propterea etiam distare hoc ab illo, et illud ab hoc, sunt unum et idem. »

Enfin, pour tout résumer en quelques mots, nous disons qu'à proprement parler ni l'enseignement et l'étude, ni l'action et la passion ne sont une même chose, la seule chose identique ici, c'est l'acte qui les informe. Entre l'acte produit par le moteur sur le mobile, et l'acte que le mobile reçoit du moteur, il n'y a qu'une distinction purement logique. « Ut autem ommino dicam, nec docendi et discendi actus, nec effectio et passio sunt idem proprie : sed motus cui hæc insunt, idem est ; nam esse actum hujus in hoc, et hujus ab hoc, ratione different (1). »

Après avoir suivi le développement complet de la pensée d'Aristote, il ne sera pas sans intérêt de connaître l'appréciation et le jugement de saint Thomas. Nous allons donc entendre à son tour le Docteur angélique ; et s'il nous répète exactement les mêmes théories, le lecteur excusera ces répétitions, en pensant qu'elles en sont la confirmation la plus haute et la plus autorisée.

Aristote, nous dit le saint Docteur, nous apprend les rapports du moteur et du mobile, lorsqu'il nous dit que l'acte du moteur n'est pas autre que celui du mobile ; en sorte que si le mouvement est l'acte du mobile, c'est en même temps d'une certaine manière l'acte du moteur. « Ostendit quomodo se habeat motus ad movens... Dicens quod actus motivi non est alius ab actu mobilis. Unde cum motus est actus mobilis, est etiam quodam modo actus motivi (2). »

Il nous apprend en second lieu que l'acte du moteur et du mobile sont bien le même acte ; il est nommé acte du moteur en tant que celui-là agit, et du mobile en tant que celui-ci le subit ; mais c'est le même acte que l'agent cause en agissant et que le patient reçoit en pâtissant. Et c'est pour cela que le Philosophe dit que le moteur est le principe actif du mobile, c'est-à-dire la cause qui le met en action. Voilà pourquoi il ne faut qu'un seul acte pour les deux, pour le mobile et le moteur. C'est le même acte qui vient de l'agent qui le cause et qui est dans le patient qui le subit et le reçoit. « Secundo ostendit quod idem sit actus moventis et moti : moventis enim dicitur inquantum aliquid agit, moti autem in quantum patitur ; sed idem est quod movens agendo causat, et quod motum patiendo recipit. Et hoc est quod dicit,

---

(1) Ὅλως δὲ εἰπεῖν, οὐδ' ἡ δίδαξις τῇ μαθήσει, οὐδ' ἡ ποίησις τῇ παθήσει τὸ αὐτὸ κυρίως· ἀλλ' ᾧ ὑπάρχει ταῦτα, ἡ κίνησις· τὸ γὰρ τοῦδε ἐν τῷδε, καὶ τὸ τοῦδε ὑπὸ τοῦδε ἐνέργειαν εἶναι ἕτερον τῷ λόγῳ. — *De nat. auscult. Ibid.*, l. III, c. III.
(2) *Phys.* L. III, lec. 4.

quod « movens est activum mobilis » id est actum mobilis causat ; quare oportet unum actum esse utriusque, scilicet moventis et moti. Idem enim est quod est a movente, ut a causa agente, et quod est in moto ut in patiente et recipiente. »

En troisième lieu, dit-il, Aristote nous a rendu ce principe évident par les exemples et les faits rapportés plus haut. L'espace est le même pour aller de 1 à 2 ou de 2 à 1 ; pour monter ou pour descendre. Il n'y a qu'une différence de raison. De même entre le moteur et le mobile ; le mouvement est l'acte du moteur en tant qu'il vient de lui, il est aussi l'acte du mobile en tant qu'il est reçu dans le mobile. — « Tertio manifestat hoc per exemplum. Eadem enim distantia est unius ad duo et duorum ad unum, secundum rem ; sed differunt secundum rationem… Similiter idem est spatium ascendentis et descendentis… Et similiter in movente et in moto. Nam motus secundum quod procedit à movente in mobile, est actus moventis ; secundum autem quod est in mobili a movente est actus mobilis. »

Puis, avant de réfuter les objections de ses adversaires, il les attaque le premier et leur demande avec Aristote que si dans l'action du moteur sur le mobile ils supposent qu'il y a deux actes, où les placeront-ils ? « Si sunt diversi, necesse est quod uterque ipsorum sit in aliquo subjecto. » Seront-ils tous les deux dans le mobile, ou bien tous les deux dans le moteur, ou bien l'un dans le moteur et l'autre dans le mobile ? Chacune de ces hypothèses est étudiée de nouveau par saint Thomas, d'une manière encore plus complète, et démontrée parfaitement impossible.

Ensuite le saint Docteur reprend toutes les objections qu'Aristote lui-même s'était opposées, il les développe avec une merveilleuse puissance d'analyse, signale les omissions du Maître, en complète tous les détails, les range dans un nouvel ordre, les ramène à quatre chefs principaux, et les réfute successivement avec une nouvelle vigueur.

Enfin il se résume et conclut en disant qu'il reste bien

démontré que le mouvement est à la fois l'acte de l'agent qui agit et du patient qui subit ; et pour enlever tout doute, ajoute-t-il, et nous expliquer encore plus clairement, disons que le mouvement est l'acte d'une double puissance active et passive. — « Ostensum est quod motus est actus activi, ut ab hoc, et passivi ut in hoc; ad tollendam omnem dubitationem aliquantulum notius dicamus, quod motus est actus potentiæ activi et passivi. »

Il ne saurait donc y avoir le moindre doute sur la pensée de saint Thomas. La doctrine d'Aristote lui paraît parfaitement exacte et irréfutable; et tous les docteurs scolastiques n'ont cessé de le redire et de le proclamer après eux: « S'il est impossible que l'acte par lequel l'un agit soit numériquement le même que l'acte par lequel un autre agit, il est cependant nécessaire que ce soit par le même acte que l'un agisse et que l'autre pâtisse. » — « Naturaliter fieri non potest ut actio agentis unius sit numero eadem cum actione alterius agentis, sed necesse est ut actio sit eadem numero qua unus agit et alter patitur (1) ».

En terminant cette série déjà trop longue de citations, il ne sera pas sans intérêt de voir Descartes lui-même, dans une de ses lettres, rendre un complet hommage à cette théorie qui était sans doute une réminiscence classique du collège de la Flèche : « J'ai toujours cru, écrivait-il, que l'action et la passion ne sont qu'*une seule et même chose*, à qui on a donné deux noms différents, selon qu'elle peut être rapportée tantôt au terme d'où part l'action, tantôt à celui où elle se termine ou en qui elle est reçue; en sorte qu'il répugne qu'il y ait durant le moindre moment une passion sans action (2). » Cet accord parfait, sur un point si grave, de Descartes avec l'École méritait bien d'être signalé.

---

(1) Cfr. P. T. Pesch. *Institutiones phil.*, p. 374, 359, 441.
(2) Lettres VIII, p. 275. — Cfr. p. 549.

X

OBJECTIONS DE LEIBNITZ ET DES MODERNES

Cette théorie, qui paraissait si lumineuse aux yeux de ces grands philosophes, va le devenir un peu plus pour nos faibles regards, si nous la rapprochons des objections qu'elle ne pouvait manquer de susciter à travers les siècles. Les ombres feront mieux ressortir les lumières du tableau, et les subtilités de nos adversaires nous feront préciser davantage et mettre en relief les moindres détails de l'antique doctrine.

Nous choisissons de préférence les objections de Leibnitz (1); ses successeurs n'ayant fait que redire celles qu'il avait déjà formulées, comme lui-même, peut-être à son insu, répétait les vieux arguments de Pélage réfutés par S. Augustin (2), et comme Pélage à son tour avait plus ou moins reproduit les vieilles erreurs de Démocrite déjà réfutées par Aristote et plus tard par S. Thomas (3).

Ces objections peuvent se ramener à deux chefs principaux :

1° Si un être agissait sur un autre, il s'ensuivrait qu'il agirait à distance, là où il n'est pas.

2° Il s'ensuivrait qu'il perdrait une de ses qualités, laquelle émigrerait du sujet où elle résidait et se transporterait dans un autre sujet.

N'en déplaise à Leibnitz, ces deux conséquences, que nous reconnaissons insoutenables ne découlent nullement de la théorie péripatéticienne bien comprise. Nous allons nous en convaincre.

L'action *à distance* du moteur sur le mobile est assurément impossible. C'est l'avis d'Aristote, de S. Thomas, de Newton et des savants les plus autorisés ; un être ne

---

(1) Leibnitz. *Monad.* § 7. — *Nouv. syst. de la nature et de la grâce*, § 12-15. — *Epist* 27 *ad des Bosses.*
(2) S. Aug. *Contra Jul. Pelag.*, l. V, c. xiv.
(3) S. Th. I, q. cxv, a. 1, c. et ad. 8.

saurait agir là où il n'est pas présent. Aussi avons-nous déjà dit qu'il était rigoureusement nécessaire pour que le moteur agisse sur le mobile, que l'un fût présent à l'autre par le contact immédiat: « Necesse est, nous dit saint Thomas, omne operans aliquo modo conjungi suo objecto circa quod operatur. » Si les corps paraissent quelquefois agir à distance comme la lumière qui traverse le milieu éthéré, ou le son qui traverse l'air, c'est que chaque molécule du rayon lumineux et sonore agit immédiatement sur la molécule suivante qui la touche ; en sorte que le milieu qui semble franchi n'est en réalité qu'une série innombrable de moteurs et de mobiles immédiats interposés entre la première cause vibratoire et son dernier effet.

L'action *ad extra* ne suppose donc nullement l'action à distance, mais seulement l'action d'une molécule sur une molécule immédiatement présente par le contact : une opération de cette nature, si mystérieuse qu'on la suppose, ne semble nullement contradictoire comme l'action *à distance*, par laquelle un être agirait là où il ne serait pas présent.

La deuxième objection ne paraît pas plus solide ni plus digne d'un grand philosophe, il s'en faut. De ce que les corps agissent l'un sur l'autre, peut-on sérieusement conclure que les qualités d'un être doivent émigrer de cet être pour passer dans un autre? « Ridiculum est, dit saint Thomas, dicere quod ideo corpus non agat, quia accidens non transit de subjecto in subjectum ; non enim hoc modo dicitur corpus calidum calefacere quod idem numero calor qui est in calefaciente corpore transeat ad corpus calefactum ; sed quia virtute caloris, qui est in calefaciente corpore, alius calor numero fit actu in corpore calefacto, qui prius erat in eo in potentia. Agens enim naturale non est traducens propriam formam in alterum subjectum sed reducens subjectum, quod patitur, de potentia in actum »(1).

La réponse de saint Augustin à Pélage est peut-être

(1) *Contr. Gent.*, l. III, c. LXIX.

encore plus saisissante et plus péremptoire. Comment peut-on nous faire dire que les corps agissent sur les autres corps en se dépouillant de leurs qualités pour les en revêtir, comme on se dépouille d'un habit pour en revêtir un autre? « Non veluti tunicam transferunt? » Nous n'avons jamais soutenu que les qualités se communiquent par une *émigration*, mais par un contact et une *impression*, « afficiendo transeunt, non commigrando. » Ainsi, ajoute-t-il, lorsqu'un enfant nègre est né d'un père éthiopien, sa couleur noire n'est pas numériquement la même que celle de son père, mais c'est une couleur nouvelle qui a été engendrée par l'action de son père (1).

Il est donc manifeste que nous ne confondons nullement la cause avec l'effet produit, la qualité de l'agent avec la qualité engendrée dans le patient, l'action de celui-ci avec l'action de celui-là : ces deux actions, seraient-elles semblables, ne sont jamais identiques. Ce serait là une erreur trop grossière pour qu'on nous la puisse imputer sérieusement.

Ce que nous avons soutenu avec saint Thomas et Aristote, c'est que si ce n'est pas par le même acte *que l'un agit* et *que l'autre agit*, c'est du moins par le même acte *que l'un agit* et *que l'autre pâtit*, que l'un meut et que l'autre est mû (2); c'est le même acte qui est produit par l'agent et reçu par le patient. En un mot, pour reprendre la comparaison frappante de saint Augustin, nous dirons que si la couleur de l'enfant nègre n'est pas un fragment de celle de son père, pas plus que la vie de l'un n'est un fragment de la vie de l'autre, cependant c'est par le même acte que le père l'a produite dans son fils, et que le fils l'a reçue de son père.

(1) « Verum est enim ea quæ in subjecto sunt, sicut sunt qualitates, sine subjecto in quo sunt, esse non posse; sicut est in subjecto corpore color, aut forma, sed *afficiendo* transeunt, non *commigrando*; quemadmodum Æthiopes, qui nigri sunt, nigros gignunt, non tamen in filios parentes colorem suum *veluti tunicam transferunt*; sed sui corporis qualitate corpus, quod de illis propagatur afficiunt. » *Contra Jul. Pelag.* V. 14. — *Gen.* XXX. 37-42.

(2) « Eadem autem actio est ejus quod agitur et movetur, et ejus quod agit et movet. » S. Th. 2ª 2æ, q. LXXXV, 3 c.

Malgré l'évidence de cette assertion, ou pour mieux dire de ce fait, nous entrevoyons un retour offensif de l'adversaire leibnizien, qui vient sur ce nouveau terrain nous reposer la même question : Comment l'acte d'un sujet peut-il passer dans un autre ? N'est-ce pas une nouvelle *émigration?*

Sans doute, c'est là une objection purement logique, comme le disait Aristote, une subtilité de peu d'importance, qui ne saurait détruire un fait évident. Cependant nous ne voulons nullement esquiver le débat, et nous expliquerons comment Aristote et saint Thomas ont pu déclarer qu'il n'y a aucun inconvénient à admettre que l'acte du moteur passe dans le mobile en contact, sans se détacher du moteur : « Quod non est inconveniens actum unius esse in altero... continue et sine aliqua interruptione (1). »

Remarquons tout d'abord qu'il y a deux espèces de qualités : les unes *absolues*, les autres *relatives*. Les qualités absolues, comme la quantité, la qualité, sont renfermées dans le sujet auxquelles elles appartiennent : *sunt alicujus*, comme dit l'École, les qualités relatives au contraire, *sunt alicujus ad aliquod*, c'est-à-dire qu'elles sont fondées sur une relation mutuelle qui suppose quelque chose de commun à la fois aux deux termes. Ainsi, entre le Père et le Fils, il y a que quelque chose de commun : c'est la génération ou l'existence donnée par l'un et reçue par l'autre. Il ne répugne donc pas que quelque chose soit, d'une certaine manière, commune à deux.

Mais suffira-t-il de dire qu'il n'y a entre le moteur et le mobile, entre la cause et l'effet, qu'une relation purement logique établie par l'intelligence ? Non, une telle relation est incapable d'expliquer comment un effet physique et matériel a été produit par sa cause. Il faut donc

---

(1) « Si actio et passio sunt unus motus, sequitur quod actus agentis quodam modo sit in patiente, et sic actus unius erit in altero.... Quod non est inconveniens actum unius esse in altero, quia *doctio* est actus docentis, ab eo tamen in alterum tendens continue et sine aliqua interruptione : unde idem actus est hujus, i. e. agentis ut *a quo*; et tamen est in patiente ut receptus *in eo*. Esset autem inconveniens si actus unius eo modo quo est actus ejus esset in altero. » — S. Th. *in l. phys.*, l. IV.

admettre qu'il existe entre ces deux termes une relation d'un ordre à part, quelque chose de réel et de physique capable de produire l'effet physique et réel que nous constatons dans le mobile.

Aussi saint Thomas nous fait-il justement observer que la relation qui existe entre la cause et l'effet, n'est pas de même espèce après la production de l'effet que pendant sa production. La relation du père avec son fils après sa naissance est bien différente de cette relation pendant la génération, et il nous en donne la raison : « Namque actiones et passiones *in quantum motum implicant*, nous dit-il, aliud sunt a relationibus quæ ex actionibus et passionibus consequuntur (1). »

Cette nouvelle espèce de relation implique donc un nouvel élément; et cet élément que le Docteur angélique appelle souvent un *moyen terme* entre la cause et l'effet entre le moteur et le mobile, c'est le *mouvement*. « Requiritur quod intelligamus motum ipsum quasi *medium* inter duo..... et sic explicatur ratio causæ et effectus... et secundum hoc motus pertinet ad prædicamentum actionis et passionis (2). » — « Actio quæ transit ad aliquid externum, nous dit-il ailleurs, est realiter *media* inter agens et subjectum recipiens actionem. Realiter vero consequitur unionem objecti cum agente (3). » — Et le saint Docteur revient souvent sur cette pensée : « Operatio est quasi *medium* inter operans et operatum : unde potest considerari vel secundum quod exit ab operante, vel secundum quod terminatur ad operatum (4). » — « Passio dicitur prout aliquid recipitur in patiente per viam motus (5). »

Sans doute, le mouvement est un acte incomplet, nous l'avons déjà dit : « Motus enim in rerum natura, nihil aliud est quam actus imperfectus (6). » Il ne peut exister séparé de l'agent qui le produit et du terme où il aboutit;

---

(1) S. Th. I, q. xli, a. 1, ad. 2. — I, q. xlv, a. 2, ad. 2.
(2) S. Th. *in l. phys.* l. III, lect. 4.
(3) S. Th. I, q. liv, a. 1, ad. 3.
(4) S. Th. *in I. Sent. dist.* 37 ; q. iii, a. 2, ad. 3.
(5) S. Th. *Qq. disp. de Verit.* q. xxvi, a. 1, c.
(6) S. Th. *in l. phys.* l. III, lect. 4.

mais c'est précisément parce qu'il existe à la fois, dans ces deux termes, dans le moteur et le mobile, qu'il peut les relier intérieurement dans une étroite union et les faire communiquer. « Motus est actus mobilis, est etiam quodam modo actus motivi ; actus motivi non est alius ab actu mobilis (1). »

Remarquons en second lieu que le mouvement est essentiellement *un et continu* entre ses deux termes d'origine et d'arrivée. « Motus enim continuum quidpiam est (2). » Et le mouvement n'est un et continu que si la grandeur elle-même est une et continue : « Quia magnitudo est continua, etiam motus est continuus (3). » Or, il n'y a de continuité entre deux objets, nous dit le Philosophe, qu'autant que leurs extrémités s'unissent et se confondent (4). Deux choses pourraient se toucher par contact et être contiguës sans former une véritable continuité ; il faut qu'elles se soudent pour ainsi dire et *se continuent*. Si les extrémités en contact *restent deux* et ne s'unissent pas, le mouvement sera divisé, et la continuité entre la cause et l'effet sera interrompue. Dès lors, comment l'effet pourra-t-il procéder d'une cause avec laquelle il ne communique plus ? Si la juxtaposition du mobile au moteur remplace leur union véritable, la succession demeure, la causalité disparaît.

Il faut donc concevoir le moteur et le mobile comme unis et soudés ensemble pendant le contact, unis de manière à n'être qu'un seul tout dans un même lieu (5), et considérer le mouvement entre le moteur et le mobile comme quelque chose de continu et de commun à l'agent qui le cause et au patient qui le reçoit : « Requiritur quod intelligamus motum ipsum quasi medium inter duo,.. sic

(1) S. Th. *in l. phys.* — *Ibid.*
(2) Ἡ μὲν γὰρ κίνησις συνεχές. — Arist. *Mor. Eudemior.* l. II, c. III.
(3) Διὰ γὰρ τὸ τὸ μέγεθος εἶναι συνεχὲς καὶ ἡ κίνησίς ἐστι συνεχής. — Arist. *De nat. auscult.* l. IV, c. II.
(4) « L'extrémité de ce qui altère se confond avec l'extrémité de ce qui est altéré... Entre le moteur et le mobile, il n'y a pas d'intermédiaire possible. » — Arist. *Phys.* VII, c. III.
(5) Δοκεῖ δ'ἡ κίνησις εἶναι τῶν συνεχῶν. Arist. *De nat. auscult.* III, 1. « Motum et movens oportet esse simul. » S. Th. I, q. VIII, a. 1, c.

explicatur ratio causæ et effectus (1). » — « Actio quæ transit ad aliquid extrinsecum est realiter media inter agens et subjectum recipiens actionem. Realiter vero consequitur unionem objecti cum agente (2). »

Cette doctrine met en lumière plusieurs axiomes de l'École qui, malgré leur apparente antinomie sont également vrais. En voici les principaux : « *Actio est in passo* (3). » L'acte de l'agent est dans le patient qui le subit.

« *Actio est in subjecto agente* (4) » L'acte est aussi dans l'agent qui le produit.

« *Actio est realiter media inter agens et objectum*(5). » Ou bien encore : « *Actio est magis propinqua agenti quam patienti*(6). » Quoique l'action soit commune à l'agent et au patient, elle paraît cependant appartenir davantage à celui qui la produit qu'à celui qui la subit.

Ou bien enfin cet autre axiome : « *Actio et passio non sunt duo motus, sed unus et idem motus* (7). » Et cependant on ne saurait en conclure que l'action et la passion soient une même qualité : « Licet actio sit idem motui similiter et passio, non tamen sequitur quod actio et passio sint idem, quia in actione importatur respectus ut a quo est motus in mobili ; in passione vero ut qui est ab alio (8). » — « Unus motus secundum substantiam est actus utriusque, sed differt ratione. Est enim actus moventis ut a quo, mobilis autem ut in quo. Sed si actio et passio sunt idem secundum substantiam... ad diversa prædicamenta pertinent... (quia) prædicamenta diversificantur secundum diversos modos prædicandi(9). »

Ainsi se trouvent nettement déterminées les notions

---

(1) S. Th. *in l. phys.* l. III, lect. 4.
(2) S. Th. I, q. LIV, a. 1, ad. 3.
(3) Arist. *De nat. auscult.*
(4) S. Th. *De pot.* q. VII, a. 9, ad. 7.
(5) S. Th. I, q. LIV, a. 1, ad, 3.
(6) S. Th. *IV Sent.* Dist. 9, q. I, a. 2, sol. 2.
(7) S. Th. *in l. Phys.* l. III.
(8) S. Th. I, q. XIV, a. 2, c.
(9) S. Th. *Meta.* l. XI, lect. 9, fl. — Cfr. S. Th. II *Sent.* dist. 40. ad 4ᵐ. *Sum. th.* I, q. xxxxv, a. 2. — Suarez. *Meta.* disp. 49, s. 1, n. 3 ; s. 2, n. 14.

de passion, d'action et de mouvement, dont les conceptions fausses ou incomplètes se retrouvent au fond de toutes les difficultés de nos adversaires : elles peuvent se réunir dans cette phrase lumineuse d'un scolastique moderne : « Eadem quippe affectio, quatenus ab agente proficiscitur, actio, quatenus in passo recipitur, passio, quatenus tendentia via que est ad terminum, dicitur motus (1). »

Avant de terminer cette discussion, résumons brièvement les deux réponses que nous avons faites aux deux objections de Leibnitz et des modernes : le lecteur en saisira d'un seul regard toute la portée.

1° Nous n'admettons nullement qu'un corps puisse opérer là où il n'est pas. « Motum et movens oportet esse simul (2). » S'il n'est pas par sa substance dans la substance en contact, il peut y être par son effet, et par conséquent par son action qui ne saurait être séparée de l'effet au moment où elle le produit.

2° Nous n'admettons pas davantage qu'un accident puisse se détacher de la substance et voyager sans substance ; mais nous croyons que l'action d'une substance active, sans se détacher de cette substance, peut s'étendre pour ainsi dire et pénétrer les corps immédiatement présents par le contact, et rayonner ensuite de proche en proche, par une série de contacts, comme la lumière ou la chaleur, dans les limites de sa sphère d'activité. En cela, il n'y a aucun déplacement ou changement dans cette qualité relative appelée *action*, puisque son essence est précisément de pouvoir passer du moteur dans le mobile en contact, et d'être, comme dit saint Thomas, « alicujus ad aliud. »

« Sua ratio (actionis) non perficitur prout ut in subjecto, sed prout transit in aliud, quo sublato, ratio hujus accidentis tollitur (3). »

« Nihil prohibet aliquid esse inhærens quod tamen

---

(1) P. T. Pech. *Institutiones phil. nat.*, p. 441.
(2) S. Th. I, q. viii, a. 1, 0.
(3) S. Th. *Q. Disp. De Pot.*, q. vii ; a. 9, ad. 7.

non significatur ut inhærens : sicut actio non significatur ut *in* agente sed ut *ab* agente, et tamen constat actionem esse in agente (1). »

XI

DERNIÈRE DIFFICULTÉ DES MODERNES

Les philosophes modernes qui auront le plus de peine à comprendre cette théorie sont assurément ceux qui ont oublié ou méconnu la distinction réelle entre la substance et l'accident, l'être et son opération ; ceux pour lesquels les opérations d'un être se confondent si bien avec sa substance qu'ils sont identiques et ne se distinguent que d'une manière purement logique.

Lorsqu'ils entendront Aristote et saint Thomas affirmer avec assurance « qu'il n'y a aucune difficulté à ce que l'acte d'un corps puisse pénétrer un autre corps immédiatement présent, sans se détacher du premier » ; « quod non est inconveniens actum unius esse in altero... continue et sine aliqua interruptione...; » ces philosophes ne vont-ils pas conclure : Donc il n'y aurait aucune difficulté à ce que la substance d'un corps puisse pénétrer une autre substance !...

Sans doute cette conséquence est absurde, mais elle n'est nullement contenue dans nos prémisses. Si nous supposions que la substance et l'opération sont identiques, notre thèse deviendrait impossible, aussi saint Thomas fait-il expressément remarquer qu'elle ne s'applique pas à Dieu, qui est l'*acte pur*, parce qu'on ne saurait distinguer en lui l'acte et la puissance, la substance et l'accident.

« Actio agentis quæ facit sibi simile est aliquid egrediens ab agente in patiens, quod in Deo locum non habet, quia ejus actio est ejus substantia (2). »

D'ailleurs dans un Être dont l'immensité est infinie, on

---

(1) S. Th. *Q. Disp. De Pot.*, q. VIII ; a. 2.
(2) S. Th. *In divinis nominibus*, 9, l. II.

ne saurait admettre d'action *ad extra* qui par métaphore ou par analogie. « In ipso enim vivimus movemur et sumus. »

Cette nouvelle difficulté ne saurait nous surprendre. Saint Thomas qui, à la suite du Philosophe, avait prévu et réfuté toutes les subtilités imaginables de nos adversaires, ne pouvait oublier celle-ci. Mais il ne la discute point en cet endroit : la distinction réelle entre la substance et l'accident est une vérité qu'il suppose et que nous supposerons avec lui déjà acquise et démontrée.

Aussi ne pourrions-nous sans dévier de notre chemin la traiter ici à fond. Il nous suffira de faire remarquer à nos adversaires qu'ils pourraient bien n'être séparés de nous que par un malentendu.

L'École n'a jamais soutenu que l'accident soit un être complet et indépendant (1), ni qu'il puisse subsister par lui-même séparé de la substance, mais elle soutient seulement qu'il est quelque chose de positif, de réel, dont la substance peut être séparée, puisqu'elle peut tantôt l'acquérir et tantôt le perdre. Les accidents, par exemple les *opérations* d'une substance, vont et viennent pour ainsi dire dans la substance qui demeure : or, il est impossible que l'élément qui demeure soit identique à l'élément qui change. Il est impossible que telles et telles pensées mobiles et fugitives soient identiques à ma substance : elles sont à moi, mais elles ne sont pas le moi. Je puis subsister sans elles; de ce qu'elles ne sauraient subsister sans moi il ne s'ensuit nullement qu'elles soient identiques avec moi. L'impossibilité pour une chose d'exister sans une autre n'est pas toujours un signe d'identité, mais seulement de dépendance; ainsi la créature ne peut exister sans l'action du Créateur, la flamme ne peut exister séparée du bois qu'elle consume, etc...

(1) « Illud proprie dicitur *esse* quod ipsum habet esse, quasi in suo esse subsistens. Unde solæ substantiæ proprie et vere dicuntur entia, accidens vero non habet esse, sed eo aliquid est, et hac ratione dicitur ens, sicut albedo dicitur ens, quia ea aliquid album est plhum. Et propter hoc dicitur in *VII Metaph.* quod accidens dicitur *magis entis*, quam ens. » S. Th. I, q. xxx, a. 2, c. — Cfr. Suarez, t. V, *Metaph.*, c. vi, q. vi, s. 2.

Nous ferons aussi remarquer à nos contradicteurs quelques-unes des conséquences les plus graves qu'entraînerait leur négation dans le sujet même qui nous occupe.

Si les opérations ne sont pas réellement distinctes des substances qui les éprouvent, tous les changements d'opération seront des changements substantiels. Dès lors, ou bien il faudra conclure avec Parménide et Mellessius qu'il est impossible qu'une substance devienne une autre substance et nier l'existence du mouvement ou du changement dans un être (1). Ou bien il faudra conclure avec Héraclite que la substance créée est un être successif comme le mouvement, et nier la réalité permanente de toute substance, y compris la réalité permanente du *moi*. Rien n'existe, faudra-t-il conclure avec ce chef de l'École sceptique, si ce n'est le mouvement perpétuel ; les êtres, bien loin d'exister, sont dans un changement continuel, dans un perpétuel devenir. Le moi n'est plus qu'une « illusion métaphysique » (2).

Ces conséquences inadmissibles ne sont pas les seules que nous ayons à signaler.

Si l'opération et la substance sont identiques, ne faut-il pas conclure qu'opérer c'est créer : produire un acte ne serait-ce pas en effet produire une substance ? Dès lors, toute création étant au-dessus des forces des

---

(1) « Oui, sans doute, si l'Être est un, il ne peut pas avoir de mouvement, mais s'il a une partie qui change (et une partie qui demeure)... dès lors le mouvement est possible ; car la forme change, puisqu'elle peut passer d'un contraire à l'autre ; et qui dit changement dit mouvement par cela même. L'unité de l'être est incompatible avec sa mobilité. » — B.-S.-Hilaire *Préface de la Physique*, p. 29.

(2) « Si les accidents ne sont point distincts de la substance, si la substance est un être créé successif comme le mouvement, si elle ne dure pas au delà d'un moment et ne se trouve pas la même durant quelque partie assignable du temps, non plus que ses accidents.... pourquoi ne dirait-on pas, comme Spinosa, que Dieu est la seule substance et que les créatures ne sont que des accidents et des modifications ? Jusqu'ici on a cru que la substance demeure et que les accidents changent, et je crois qu'on doit se tenir encore à cette ancienne théorie, les arguments que je me souviens d'avoir lus ne prouvant pas le contraire et prouvant plus qu'il ne faut. » (Leibnitz, *Essai de théod.*, III, n° 393.)

simples créatures, elles sont incapables d'agir et surtout d'agir les unes sur les autres.

Vous serez donc réduits à vous figurer le moteur et le mobile comme deux substances impénétrables juxtaposées côte à côte. Ne pouvant pénétrer l'une dans l'autre, elles se renferment chacune en elle-même, en faisant des efforts impuissants pour en sortir. « Il y a selon moi, disait Leibnitz, des efforts dans toutes les substances ; mais ces efforts ne sont proprement que dans la substance même, et ce qui s'ensuit dans les autres, n'est qu'en vertu d'une harmonie préétablie, et nullement par une influence réelle, ou par une transmission de quelque espèce ou qualité. » Ce sera donc le mobile qui se mettra spontanément en mouvement à l'occasion de l'effort impuissant du moteur, ou bien ce sera Dieu lui-même, d'après Malebranche, qui interviendra à chaque instant et qui poussera les aiguilles de la montre pour suppléer à l'imperfection originelle de son mécanisme !...

Des explications si artificielles et si peu conformes à l'observation des faits les plus vulgaires et surtout des phénomènes de la conscience, sont à peu près démodées. La plupart des modernes rejettent à la fois la théorie de Leibnitz et celle de Malebranche. Mais s'ils n'admettent plus *l'occasionalisme* ni *l'harmonie préétablie*, nous nous demandons si, après avoir changé *le nom*, ils n'ont pas conservé *la chose*. Si le moteur et le mobile restent chacun chez soi, sans en pouvoir sortir, comment pouvez-vous dire que l'un agit réellement sur l'autre ? Vous me répondrez que c'est par influence. Alors je vous demande ce que vous entendez par cette *influence* ? Est-ce quelque chose de réel et de physique, ou quelque chose de purement logique et abstrait ? Si c'est quelque chose d'abstrait, cela ne peut produire aucun effet physique dans le mobile ; vous n'expliquez rien. Si c'est au contraire quelque chose de réel et de physique, c'est une substance ou un accident, et comme il est impossible de dire que c'est la substance de l'un qui passe dans l'autre, il ne reste plus qu'à admettre que c'est l'action ou le mouvement de cette substance. Le nier, ce serait nier la notion de *l'opération ad extra*, pour ne retenir que la notion de *l'acte immanent*. Ce serait nier l'action réelle du moteur sur le mobile qui est le fait universel et capital de la nature, constaté par les sciences expérimentales aussi bien que par la conscience. Ainsi lorsque je reçois un coup, lorsque je suis blessé par un instrument tranchant ou contondant, je sens avec évidence qu'une action étrangère me pénètre; et c'est précisément parce que son action est en moi et non pas hors de moi, qu'elle me blesse et me fait souffrir.

Mais nos adversaires se heurtent encore à bien d'autres difficultés non moins graves.

L'acte par excellence du moteur sur le mobile, l'acte *d'assimilation*, qui est l'acte le plus complet d'une substance sur une autre, puisqu'elle lui communique non pas seulement sa forme accidentelle, mais sa forme substantielle, son unité vivante; cet acte qui est le phénomène le plus remarquable et le plus indéniable de la biologie, comment pourra-t-on l'expliquer si l'on n'admet pas que l'action du moteur puisse s'étendre jusque dans les profondeurs intimes du mobile? N'est-il pas évident au contraire que la cellule vivante s'empare de la molécule d'hydrogène ou de carbone? Non seu-seulement elle la touche par le dehors, mais elle pénètre de son action cette molécule étrangère, si bien que l'acte du moteur devient ici complètement l'acte du mobile; car après l'assimilation il n'y a plus deux formes substantielles ni deux actes, mais une seule forme et un seul acte; c'est l'acte préexistant dans l'être vivant qui a étendu son domaine sur des molécules étrangères, pour réparer ses pertes quotidiennes.

Non seulement il devient impossible à nos adversaires d'expliquer le phénomène *d'assimilation*, mais encore un phénomène plus simple, *l'union* de deux êtres, soit l'union substantielle de la matière et de la forme (1),

(1) « Nihil esse medium uniens materiam cum forma præter actionem

soit l'union accidentelle qui réunit les parties d'un tout matériel.

Pour unir deux substances distinctes, pour unir par exemple chimiquement deux atomes en une seule molécule, il faut un lien commun ; et comme ce lien ne peut être une troisième substance (car celle-ci en exigerait une autre, et ainsi de suite jusqu'à l'infini), il faut admettre que c'est l'action de l'une dans l'autre, ou leur action mutuelle, produite par l'affinité chimique ou l'attraction moléculaire.

Enfin nous pourrions ajouter que si les forces de la nature se renferment chacune chez elle avec des efforts impuissants pour en sortir, la nature entière devient une énigme indéchiffrable. Il sera désormais bien difficile d'expliquer le phénomène de l'attraction et de la gravitation universelle, par laquelle sur la terre comme dans les cieux à travers les espaces éthérés, les corps s'attirent en raison directe du produit de leur masse, et en raison inverse du carré de leur distance ; phénomène si constant et si universel qu'il ne souffre aucune exception et qu'il paraît être la clef de tous les mouvements de la nature ; phénomène si vraisemblable et si naturel que nous serions tentés d'y reconnaître l'application à l'ordre physique de cette loi supérieure qui préside au commerce et à l'harmonie des êtres dans le monde des esprits aussi bien que dans le monde des corps : « Bonum est sui diffusivum. » Tout être agit pour se communiquer ; tout être éprouve donc le double besoin de se donner et de recevoir, besoin *d'action et de réaction*. C'est la loi de l'attraction et de la gravitation universelles autour du Soleil divin qui tient tous les êtres suspendus à ses rayons et attirés à son amour.

« Omnia appetunt bonum, nous dit le Docteur angélique, etiam quæ cognitione carent... Ex eo quod aliquid est perfectioris virtutis... tanto magis in distantibus a se

---

agentis » — « Nihil est faciens unum ex materia et forma, nisi agens quod movet potentiam ad actum. » (S. Th., *Opusc. de princ. nat.*)

bonum *quærit et operatur*. Unde non immerito dicitur quod bonum est diffusivum (1). »

Et il aime à nous montrer souvent ces vastes horizons que son génie a découverts :

« Natura cujuslibet actus est quod seipsum communicet quantum possibile est. Agere vero nihil aliud est quam communicare illud per quod agens est actu (2). »

Mais ces considérations, quelque attrayantes qu'elles puissent paraître, nous entraîneraient trop loin de notre thèse qui nous paraît d'ailleurs assez solidement établie : L'opération est réellement distincte de la substance.

Par conséquent il n'y a plus de difficulté à admettre que l'action d'une substance peut agir dans une autre sans se détacher de la première : « Non est inconveniens actum unius esse in altero... continue et sine aliqua interruptione. »

Telle est cette « admirable » théorie de l'acte et de la puissance, du moteur et du mobile, que nous n'avons pas craint d'appeler avec M. Vacherot « l'expression la plus abstraite et la plus haute de l'expérience. » Bien loin d'observer et d'interroger la nature, d'autres ont trouvé plus commode de la refaire à leur caprice pour la simplifier. Aristote et saint Thomas se sont au contraire efforcés de la comprendre telle qu'elle est, et nous croyons pouvoir dire avec Barthélemy-Saint-Hilaire qu'il est impossible de pénétrer plus avant et plus sûrement qu'ils ne l'ont fait dans l'étude de ce redoutable problème. Au lieu de l'approfondir sous ses autres aspects et d'en exposer les nouveaux développements, nous allons nous arrêter un instant, pour montrer que cette théorie est déjà merveilleusement féconde dans ses applications, et que déjà elle peut jeter des lumières inattendues sur les plus profonds mystères de la connaissance sensible. Cette admirable fécondité n'est-elle pas un signe certain

---

(1) *C. Gent.* l. III, c. xxiv, fi.
(2) *De pot.*, q. II, a. 1.

et pour ainsi dire la pierre de touche des principes premiers ou des vérités fondamentales ?

Nous allons essayer cette épreuve.

XII

APPLICATION DE LA THÉORIE A LA PERCEPTION DU SENS (1)

C'est Aristote qui, le premier, nous a enseigné que la sensation est un espèce de mouvement : « La sensation en acte, nous dit-il dans sa Physique, est un mouvement qui se passe dans le corps, lorsque le sens est mû ; le mobile animé a conscience de ce qu'il éprouve, le mobile inanimé n'en a pas conscience (2). » Ailleurs, il applique à la sensation les lois du mouvement, et par ce procédé il arrive aux solutions les plus ingénieuses et les plus vraisemblables (3).

Saint Thomas ne tient pas un autre langage; il nous provoque sans cesse à comparer le sensible et le sens au moteur et au mobile. « Sensus autem comparatur ad sensibile, sicut patiens ad agens (4). » — « Ut probat Philosophus (*De anima*, II, c. v) sentire accidit in ipso moveri a sensibilibus exterioribus, unde non potest homo sentire absque sensibili exteriori, sicut non aliquid potest moveri absque movente (5). »

Mais s'il tient à nous apprendre que la sensation est un mouvement, il ne tient pas moins à nous faire bien remarquer que le mouvement sensible n'est pas la connaissance, qu'il la précède seulement et la provoque. « Moveri ab objecto non est ratione cognoscentis in

---

(1) Dans tout ce chapitre nous supposerons connue la théorie fondamentale de l'union substantielle de l'âme avec le corps, et de l'unité du sujet sentant. C'est *l'organe animé* qui sent.

(2) *Phys.* l. VII, c. III. — « Et ideo quae non recipiunt formas nisi materialiter, nullo modo sunt cognoscitivae, sicut plantae. » (S Th., I, q. LXXXIV, a. 2.)

(3) Aristote, *De sensu*, c. III ; c. VII.

(4) S. Th. *De veritate*, q. XXVI, a. 3.

(5) *Contra Gent.* l. II, c. LVII.

quantum cognoscens, sed in quantum est potentia cognoscens (1). »

De ces textes, et d'une foule d'autres que nous avons étudiés ailleurs, il résulte (ce qu'il est facile de vérifier par notre expérience) que la perception des sens traverse deux phases :

1° L'objet agit sur le sens comme le moteur sur le mobile, en lui communiquant son acte. C'est la phase *passive*.

2° Cet acte est perçu par le sens qui le reçoit. C'est la phase *active*.

Il suffira donc pour bien comprendre d'abord la première phase passive, de nous rappeler ce que nous en avons dit dans la théorie du moteur et du mobile, et que nous résumerons ainsi :

1° *Avant* le choc, le moteur est en acte ; le mobile en puissance passive de recevoir cet acte ;

2° *Pendant* le choc, l'acte du moteur informe le mobile. Il n'y a réellement qu'un seul acte commun à l'agent et au patient ; il n'y a qu'une distinction purement logique entre l'acte produit par l'agent et l'acte reçu par le patient ; comme la route d'Athènes à Thèbes, nous a dit Aristote, est la même que celle de Thèbes à Athènes, quoique le sens soit différent (2). Il y a donc identité d'acte, mais bien entendu pas d'identité de substance : « Accipit formam sine materia. »

3° Au contraire, *après* le choc, *après* le passage de l'impulsion, l'acte du mobile n'est plus identiquement le même que celui du moteur ; la forme du mobile n'est pas un fragment de la forme du moteur, mais une forme nouvelle qu'a engendrée pour ainsi dire leur union. En d'autres termes, le moteur n'a laissé que son empreinte dans le mobile ou ne lui a communiqué qu'un mouvement semblable au sien.

(1) *Summa th.*, I, q. LVI ; a. 1.
(2) Par *acte commun* à l'action et à la passion, il faut donc bien se garder d'entendre une *résultante* de deux actions différentes : ce serait là un énorme contre-sens et contre-bon-sens.

Cette théorie générale bien comprise, il est facile de l'appliquer à l'acte de sentir.

L'objet sensible agit sur le sens, comme le moteur sur le mobile, par exemple, nous dit Aristote, comme le cachet sur la cire. Si donc la cire *avait conscience*, au moment même du contact ou de l'impression, elle percevrait nécessairement l'acte ou la forme du cachet qui s'imprime en elle et qui l'informe, puisque l'acte du moteur est identique à l'acte reçu dans le mobile. « Unus et idem actus sensibilis et sentientis sed ratione different (1). » — « Sensus in actu est sensibile in actu, quia ex utroque fit unum sicut ex actu et potentia (2). »

Mais *après* le moment du contact ou de l'impression, cette identité cesse, l'union avec le cachet disparaît, et la cire n'aurait plus conscience que de la nouvelle forme subjective qu'elle a revêtue pendant l'impression du cachet.

Un autre exemple va achever de mettre en lumière la simplicité et la vérité de cette théorie. Nous l'emprunterons aux expériences de physique si connues sous le nom de « *phénomènes d'influence* ».

Deux cordes de violon étant fixées à une certaine distance l'une de l'autre, et tendues de manière à donner exactement la même note, si l'on en fait vibrer une, l'autre entrera *spontanément* en vibration, et résonnera à l'unisson, parce que l'onde sonore ayant rencontré sur son passage un corps disposé à la recevoir et capable de vibrer à l'unisson, lui a communiqué son acte et lui a imprimé sa ressemblance (3).

Si par hasard, cette deuxième corde était vivante et *avait conscience*, que devrait-elle percevoir ?

1° *Avant* le passage de l'onde sonore, elle n'aurait conscience que de son repos.

---

(1) S. Th. *De anima*, l. III, l. 2.
(2) S. Th. 1ª, q. LX, a. 1. — Aristote, *De Anima*, l. III, c. II.
(3) Au lieu de choisir comme exemple les phénomènes « d'influence sonore », nous aurions pu prendre les phénomènes « de résonnance lumineuse », qui leur sont tout à fait comparables, ou bien ceux d'influence par « rayonnement *calorique* », par « induction *électrique* », etc.

2° *Pendant* l'impulsion de l'onde sonore, elle aurait conscience de cette onde sonore qui la frappe, qui la pénètre et qui l'anime. Ce serait un acte de *perception extérieure*.

3° *Après* le passage de cette onde sonore, elle n'aurait plus conscience que d'elle-même, de sa propre modification vibratoire, si elle persévère en s'affaiblissant après l'impulsion reçue (1). Ce serait un acte de *perception interne*.

Eh bien, ce que nous venons de supposer dans cette seconde corde de violon, se réalise exactement dans les fibres de Corti dont l'oreille est pourvue, et qui sont semblables à une harpe pleine de vie et de conscience. Ces fibres de Corti vibrent par un simple phénomène d'influence à l'unisson de toutes les notes et de tous les timbres sonores. De même les bâtonnets et les cônes de la rétine, les papilles du tact et les fibres de tous les autres sens vibrent pareillement à l'unisson de tous les phénomènes lumineux, caloriques, etc., qui viennent à les frapper, et nous donnent fidèlement le *bis* de tous les phénomènes sensibles (2). En sorte que le phénomène interne est identique au phénomène externe ; il s'y ajoute seulement sans le dénaturer le sentiment de la conscience, ou si l'on préfère la double perception consciente

---

(1) Les fibres de Corti ne vibrent que pendant le passage de l'onde sonore, comme le prouve l'audition distincte et sans confusion des triples et des quadruples croches. Au contraire, la rétine peut encore vibrer après le passage de l'onde lumineuse, comme le démontre la persistance de *l'image consécutive*, ou bien l'expérience vulgaire d'un tison ardent que l'on agite et qui nous apparaît comme un cercle de feu.

(2) Ἔστι γὰρ ἐν αὐτῇ τὰ ὅμοια σχήματα καὶ κινήσεις. « Sensus habet in se figuras motusque similes. » (Arist.) *De memoria*, c. II. « Videns est tanquam coloratum quia in vidente est similitudo coloris unde videns est simile colorato... quia unumquodque organum sensus est susceptivum speciei sensibilis sine materia... Et non solum videns est tanquam coloratum et simile colorato ; sed etiam actus cujuslibet sensus est unus et idem subjecto cum actu sensibili, sed ratione non est unus. — Unus et idem est actus sensibilis et sentientis, sed ratione differunt. Actus sonativi vel soni est sonatio, auditivi autem actus est auditio ; et quod de auditu et sono dictum est, eadem ratione se habet in aliis sensibus et sensibilibus. » — S. Th. *De anima*, l. III, l. 2. — Cf. Aristote. *De naturali auscult.*, l. III. *De anima*, l. III, c. II.

du moi ou du non-moi, de l'acte du moteur et de l'acte du mobile, ainsi que toutes les émotions qu'un phénomène physique ne peut manquer d'exciter dans un être vivant qui le subit avec conscience ; émotions indéfinissables, mais qui se traduisent toujours par la peine, le plaisir ou l'indifférence.

Dès lors, on conçoit facilement qu'un instrument qui vibre à l'unisson du phénomène extérieur, qui nous en reproduit le *bis* d'une manière pour ainsi dire automatique et passive, puisse être un instrument de perception extérieure et même de perception immédiate ; tandis qu'un organe qui exercerait une *activité propre* à l'occasion d'une excitation extérieure de nature différente, par exemple une lyre qui résonnerait sous les doigts de l'artiste, et produirait des sons propres fort différents de l'action mécanique qui les excite, ne pourrait être un organe de perception extérieure. Serait-il vivant et conscient, il ne nous révélerait que des émotions intérieures, signes et étiquettes des causes inconnues qui les ont produites.

Ce qui a trompé les savants défenseurs de cette seconde hypothèse, c'est que nos sens, qui vibrent *par influence* dans le cas de perception normale, peuvent aussi, comme la lyre, vibrer de la seconde manière *par réaction*. C'est le cas des phosphènes, des images subjectives, etc... Mais ce n'est là que le jeu anormal, que l'on a tort de confondre avec le jeu naturel et normal de ces merveilleux instruments (1). Le sens ne doit point jouer un rôle *actif*, mais un rôle *passif* dans la première phase de la sensation.

Ce mécanisme étant bien compris, il devient possible et même assez facile d'expliquer les diverses énigmes contenues dans le phénomène de la perception sensible.

(1) Voilà une nouvelle preuve qu'il est au moins dangereux de chercher l'explication du jeu naturel de nos facultés dans les faits anormaux et pathologiques : un même instrument pouvant être employé de diverses manières et produire des effets différents.

1° Et d'abord le *sentiment d'extériorité* que nous éprouvons lorsqu'un objet nous frappe s'explique tout naturellement. Si le patient reçoit réellement en lui-même l'action de l'agent, il n'est plus étonnant qu'il ait conscience de saisir le non-moi dans le moi. Dès lors, sentant en nous une action qui n'est pas à nous, mais à un agent extérieur, il est tout naturel que nous cherchions à la projeter au dehors dans la direction d'où elle vient, à la remettre pour ainsi dire à sa place, à la distance exacte que l'expérience du tact nous a apprise. Ainsi s'explique pourquoi, par exemple, l'action lumineuse si étroitement unie au foyer d'où elle émane, pourquoi cette action reçue et imprimée dans le sens (*species impressa*) devient pour nous l'*objectum quo*, et non pas l'*objectum quod*, le moyen et non pas le terme de notre connaissance ; ou, si l'on veut, le moyen qui nous met en communication avec l'objet.

Au contraire, il nous serait impossible de projeter à l'extérieur, hors le cas d'hallucination et de folie, une modification du moi vraiment subjective, comme la douleur causée par une pointe d'aiguille, parce qu'elle apparaît comme une modification du moi et non pas de l'aiguille, et qu'il ne suffit point, pour la projeter à l'extérieur, qu'elle soit sentie comme provenant d'une cause extérieure.

Bien plus, il nous serait impossible de savoir que notre sensation provient d'une cause extérieure, si notre conscience ne saisissait plus en nous la présence d'une action étrangère, si elle ne pouvait saisir que le moi et les modifications du moi. En effet, pourquoi ces modifications du moi ne viendraient-elles pas d'une harmonie préétablie, d'une évolution naturelle du moi, ou d'une cause intérieure comme dans l'hallucination, le rêve, etc. ? Il serait donc impossible de prouver seulement l'existence de causes extérieures.

2° En second lieu, le *passage du subjectif à l'objectif*, qui a été l'écueil le plus redoutable de la philosophie moderne, n'est plus un passage impossible à franchir. Il est vrai que toute connaissance sensible s'opère par la ressemblance ou l'assimilation du sujet connaissant avec l'objet connu, mais il n'en est pas moins certain que cette ressemblance du sens (*species impressa*) n'est point une *image intermédiaire* (1); serait-elle l'objet de la connaissance *réflexe*, elle n'est nullement l'objet de la perception *directe* des sens externes, celle-ci peut saisir immédiatement l'action elle-même de l'objet présent, par un procédé très simple.

Si l'action et la passion ne sont qu'un seul et même acte, comme nous l'avons expliqué; si l'action de l'agent est réellement dans le patient, je dois saisir immédiatement dans le moi l'action du non-moi, lorsqu'elle me frappe. Il est donc parfaitement inutile de chercher le fameux « pont suspendu » aussi impossible à trouver que la pierre philosophale. Il suffit de ne plus séparer ce que la nature a uni : l'action du moteur et la passion du mobile (2). Ainsi s'explique cette croyance invincible, ou plutôt cette *évidence* invincible qu'en percevant par les sens le monde extérieur, nous percevons autre chose que des modifications du moi, et que nous atteignons directement et immédiatement quelque chose des objets extérieurs eux-mêmes.

En effet, nous saisissons leurs actions lumineuses, sonores, résistantes, diffuses ou étendues, etc., c'est-

(1) Voyez la réfutation des signes ou des images intermédiaires de l'école cartésienne dans notre opuscule, *L'objectivité*, p. 19-32, *Annales de phil.* août 1885, p. 417.

(2) Si Descartes, après avoir admis que « l'action et la passion ne sont qu'une seule et même chose », ne tire pas de ce principe des conclusions identiques aux nôtres, c'est qu'après avoir nié l'union substantielle du corps et de l'âme, il n'a plus reconnu l'action véritable du corps sur l'âme, ni de l'objet senti sur le sujet sentant. Il paraît n'admettre qu'une espèce d'harmonie préétablie. — Voy. *Lett.* X, 96. — *L'Homme*, IV, 761, — etc.

à-dire que nous saisissons les corps ou les forces matérielles de la nature par leurs actions, et autant que l'action d'une force peut représenter cette force(1). Dès lors, nous connaissons non seulement l'existence de ces forces, mais aussi leurs opérations ou manifestations, et nous avons des données suffisantes pour atteindre par raisonnement et approximations successives, la nature même de leur substance et nous en faire quelque idée au moins imparfaite. En effet : telle opération, telle substance ; *operari sequitur esse.*

Tandis que si nous ne percevons ni les substances extérieures, ni leurs opérations, mais uniquement les *réactions* de nature différente qu'elles provoquent dans les puissances actives du moi, nous ne pouvons atteindre directement que le moi, et nous y voilà renfermés, car tout procédé indirect pour en sortir nous échappe : la vision en Dieu est une chimère, le raisonnement par approximations successives, ou l'acte de toute autre faculté spéculative ou pratique, ne serait fondé que sur des principes et des idées innés et subjectifs qu'il nous serait impossibles de vérifier en les confrontant avec les réalités extérieures. Le monde n'est plus que la cause inconnue de nos sensations.

3° En troisième lieu, la même théorie nous explique à la fois l'*objectivité* et la *relativité partielle* de nos connaissances sensibles.

Et d'abord la relativité partielle. La sensation étant un mouvement du moteur sur le mobile, en doit subir la loi fondamentale qui est la loi de la proportionnalité. Il faut une certaine proportion et harmonie entre la puissance qui agit et la puissance qui pâtit.

Ainsi le patient ne recevra l'action de l'agent que dans

---

(1) Nous pourrions dire que les diverses actions venues du dehors sont à la fois l'*objectum quo* et l'*objectum quod*, de notre connaissance, mais à des points de vue différents. Elles sont l'*objectum quo*, comme actes du mobile (ou du sens) ; et l'*objectum quod*, comme actes du moteur (ou des corps extérieurs).

la mesure de son aptitude et de sa capacité, qui peut varier avec les âges, les tempéraments et même avec les espèces : par exemple, le chien a beaucoup plus de flair que l'homme.

S'il y a disproportion entre le moteur et le mobile, l'impression produite pourra être trop forte, trop faible, peut-être nulle. Par exemple, le même poids léger pour un homme sera lourd pour un enfant, encore plus lourd pour une fourmi; une lumière trop faible nous paraîtra obscure, une lumière trop éclatante nous empêchera de voir ; un rayon coloré d'une intensité trop faible ou trop forte nous paraîtra incolore, etc.

Mais si l'action de l'agent est proportionnée au sens de manière à ne provoquer en lui aucun désordre, et à n'exciter aucune réaction anormale, la véracité de la perception va ressortir avec une merveilleuse clarté du principe que nous avons prouvé plus haut : *l'action de l'agent ne change pas de nature parce qu'elle est reçue dans le patient*. Elle sera donc saisie par la conscience du patient telle qu'elle est, « sensus semper apprehendit rem ut est (1). »

L'élément objectif et extérieur est ainsi parfaitement saisi et distingué des éléments subjectifs qui peuvent s'y ajouter, par exemple du plaisir ou de la peine, et l'instrument qui fait cette distinction entre le moi et le non-moi n'est autre que la conscience ; nous n'avons pas d'instrument plus délicat, ni plus subtil, ni plus près de phénomènes à observer.

Assurément le triage entre les éléments objectifs et subjectifs peut aussi se faire à priori. Nous avons déjà établi en parlant de la puissance active et de la puissance passive, que tout ce qui est reçu passivement vient de l'objet, que tout ce qui est produit par réaction vient du sujet; mais c'est la conscience seule qui peut nous montrer l'application de ce principe, en nous faisant sentir que l'élément étranger, c'est le sensible

(1) S. Th. Qq. disp., q. 1; *de Veritate*, art. 11. Confr. Summ. th., I ; q. xvii; a. 2.

qui nous frappe; que l'étendue, le son, la couleur, le mouvement..., ne sont pas le moi, tandis que tout ce qui est actif, vivant, conscient, percevant, jouissant, souffrant..., c'est le moi. Ainsi, lorsque je palpe une médaille en relief, je me garde bien d'attribuer le relief à mon organe, et le frôlement cutané à la médaille. L'évidence de l'extériorité ou de l'intériorité est un critérium absolument certain, comme toute autre évidence (1).

.˙.

4° Enfin il est un dernier problème que peut encore résoudre la théorie du mobile et du moteur, en établissant la *différence radicale* entre la *perception de l'objet* et la perception de *l'image*, soit de *l'image du souvenir*, soit de *l'image dite consécutive*. Et ce n'est pas là une distinction de petite importance que nos contemporains s'efforcent de ruiner; aussi voulons-nous insister quelque peu sur ce point qui nous paraît capital.

Oui, nous n'hésitons nullement à partager l'avis du philosophe Garnier et de ces médecins éminents tels que Baillarger, Sandras et plusieurs autres non moins distingués, qui, dans la mémorable discussion de 1865 sur les hallucinations, dont la *Revue scientifique* rappelait tout récemment le souvenir, soutinrent qu'il y a un abîme infranchissable entre la vision d'un objet présent, et la conception d'un objet absent; entre la perception externe et l'image.

Ces deux phénomènes diffèrent non seulement comme des *états forts* et des *états faibles* suivant l'expression de Spencer, mais diffèrent en nature et ne se ressemblent que comme « le corps et l'ombre ».

Dire avec Taine, Galton et autres modernes que l'image du souvenir, c'est une perception plus faible

---

(1) L'évidence de la perception *normale* sur l'*objet propre* ne nous trompe *jamais*. Voyez la distinction que nous avons établie entre l'objet propre (*objectum per se*) et l'objet impropre (*objectum per accidens*); entre la perception naturelle et l'association fruit de l'éducation des sens. Voyez aussi la réfutation des objections scientifiques dans notre opuscule, l'*Objectivité*

spontanément renaissante, *n'a plus aucun sens* pour celui qui a compris la théorie du mobile et du moteur.

Dans la perception normale des sens, l'objet matériel est présent et son action est reçue dans le sujet sentant, comme l'action de l'agent dans le patient. Au contraire dans l'image, l'objet matériel est absent, le sens ne reçoit plus son action, mais il se représente celle qu'il a autrefois reçue et dont il a conservé le souvenir ou l'impression. Affirmer que ces deux états sont identiques, ce serait dire qu'il est identique pour le moteur d'agir ou de ne pas agir, qu'il est identique pour le mobile d'être mû ou de ne pas l'être ; d'être uni au moteur ou d'en être séparé. Ce serait dire qu'il est identique pour notre conscience de saisir l'impression de notre œil, ou l'action lumineuse qui le frappe, identique de percevoir le moi ou le non-moi, l'image ou la réalité.

Une telle distinction est évidemment radicale, et ne saurait être balancée par quelques ressemblances accidentelles que l'on peut toujours découvrir entre les phénomènes les plus disparates. Encore ferons-nous remarquer que ces prétendues ressemblances, que nos adversaires exploitent avidement, surtout entre la perception externe et l'image consécutive sont bien moins des ressemblances que des contrefaçons.

Il est bien vrai que l'image consécutive peut être projetée à distance, d'après les lois de la vision normale. Mais rappelons-nous que la vision de la distance n'est pas une perception véritable, mais une association d'images, fruit de l'éducation de l'œil par le toucher. Il est donc naturel que cette habitude d'association obéisse aux lois ordinaires, et qu'elle s'exerce spontanément dès qu'elle y est provoquée par l'apparition du même signe ou d'un signe dont la ressemblance est trompeuse. Mais l'homme qui jouit de ses facultés mentales ne s'y trompe point complètement et il découvre bientôt la contrefaçon manifeste.

Dans la vision normale les objets nous apparaissent

extérieurs et fixes, malgré les mouvements de nos yeux. Au contraire l'image consécutive nous apparaît interne et mobile avec nos yeux ; elle se superpose aux objets de la vision normale comme s'ils étaient regardés au travers de modifications subjectives, ou comme s'ils étaient vus pour ainsi dire au travers de lunettes sur lesquelles on aurait peint cette image. En un mot, il nous faut un effort de réflexion sur notre organe pour saisir l'image consécutive, surtout lorsque nous voulons l'étudier et nous en rendre compte, c'est une *vision réflexe*, tandis que la vision normale est une *vue directe*.

D'autre part, la projection elle-même de l'image consécutive est assez dissemblable.

Lorsqu'on projette sur un écran l'image consécutive, son diamètre augmente si l'écran s'éloigne, il diminue si l'écran se rapproche ; il s'allonge si l'écran s'incline : absolument comme le ferait une image projetée par une lanterne magique.

Au contraire, une image réelle peinte sur un écran et que l'on examine dans la vision normale, devient plus petite si on éloigne l'écran, plus grande si on le rapproche, et si on l'incline, son diamètre diminue dans le sens de l'inclinaison ; de cette manière spéciale que les peintres appellent « le raccourci ». C'est précisément ce qui arrive pour les rayons d'une image extérieure qui sont reçus dans une chambre noire photographique ; et c'est juste l'inverse de ce qui a lieu pour l'image consécutive.

Nous pourrions démontrer géométriquement que la loi physique qui régit ces deux cas est pourtant la même, c'est une nouvelle raison de conclure que les deux cas sont dissemblables. Dans le premier, celui de l'image consécutive, nous portons en nous-mêmes l'objet de notre vision, c'est une vibration lumineuse de la rétine fixe et invariable. L'œil projette sa propre lumière, ou son impression lumineuse comme le ferait un appareil ordinaire de projection (1).

(1) Cette projection est-elle purement *intentionnelle* ou bien a-t-elle aussi

Dans le second cas, celui de la vision normale, l'objet de notre vision est au contraire une action lumineuse étrangère et extérieure qui change de place, qui augmente ou diminue indépendamment de nous, et qui pénètre en notre œil comme dans une chambre noire de photographe.

Le premier mécanisme, est celui d'une vision intérieure et subjective, d'une vision réflexe.

Le second mécanisme est celui d'une vision extérieure et objective, d'une vision directe.

Il est donc parfaitement injuste de confondre la vision normale extérieure avec l'image consécutive.

Que si l'on se bornait à comparer l'*image du souvenir* avec l'image consécutive ou toute autre impression dite subjective, nous ne ferions aucune difficulté d'admettre entre elles des liens de parenté, de ressemblance et même de réciprocité.

C'est l'impression de l'œil qui se grave dans l'organe cérébral de la mémoire, en y laissant comme un vestige, une image en miniature qui s'y conserve et s'y réveille parfois : il est donc naturel que cette image lui ressemble.

A son tour, l'image de la mémoire, au moins dans les cas d'hallucination et de surexcitation morbide, pourrait peut-être, si nous en croyons les médecins spécialistes, pourrait revenir pour ainsi dire sur ses pas, ébranler de nouveau les cônes et les bâtonnets de la rétine d'où elle était partie, et y provoquer une impression pareille à l'impression qui l'a produite. Cette image subjective serait semblable à l'image consécutive et se projetterait à l'extérieur suivant les mêmes lois.

Ainsi l'on dit que Newton, par un effort singulier d'imagination et de volonté, arrivait à reproduire une

un élément *physique?* Aristote rapporte en faveur de la seconde hypothèse un fait singulier. Des miroirs en métal, probablement en argent, auraient été ternis par l'effet de cette projection. Aujourd'hui que nous possédons des plaques au gélatino-bromure d'argent, extrêmement sensibles à la lumière, il ne serait pas sans intérêt de tenter de nouvelles expériences ; nous y engageons vivement ceux qui jouissent d'une faculté visuelle très développée.

image consécutive produite par la fixation du soleil, après un intervalle de plusieurs jours et même de plusieurs semaines. Depuis cette époque, M. Taine (1) et un grand nombre de physiologistes ont cité divers exemples analogues.

Entre ces deux phénomènes il y a donc des liens très naturels. Dans l'un et l'autre cas, nous ne percevons d'ailleurs que des images subjectives. Malgré cela, que de traits de dissemblance !

1° L'image consécutive se déplace avec les mouvements intentionnels de l'œil, ou bien, si le regard est fixe, avec les mouvements de la tête ; qui donc a jamais pu par ces procédés mettre en mouvement l'image du souvenir ?

2° L'image consécutive se projette à l'extérieur suivant les lois dont nous venons de parler, et se superpose aux objets de la vision normale ; qui donc a réussi à projeter sur un écran l'image du souvenir ?

3° Enfin, l'image consécutive ne paraît jamais suscitée par une simple association d'idées comme les souvenirs ordinaires, parce qu'elle est une image rétinienne, et non pas une image mentale comme celle du souvenir.

Ainsi se trouve nettement vérifiée et confirmée par des preuves expérimentales cette distinction capitale, que nous avions déjà établie par la théorie du moteur et du mobile, entre la perception normale de l'objet présent et la perception de l'image, soit de l'image du souvenir, soit de l'image consécutive.

*
* *

En résumé, si la théorie du mobile et du moteur est méconnue, si l'action du moteur n'est plus réellement dans le mobile, l'action du *non-moi* dans le *moi*, si je ne puis plus ressentir que le *moi* et la modification du *moi*, voici les conséquences logiques.

1° Les trois espèces de perception que nous venons de distinguer se trouvent étrangement confondues dans

(1) *De l'intelligence* I, 101. Voy. aussi *Société de Biologie*, 29 avril 1882.

une même perception *intérieure* de nos états de conscience plus forts ou plus faibles, et la perception *extérieure* des sens est supprimée.

2° Dès lors, la croyance invincible, ou plutôt l'évidence invincible que je perçois avec le moi quelque chose qui n'est pas à moi, mais qui vient des objets extérieurs, est une illusion de la nature; le sentiment d'extériorité est une hallucination véritable, et l'acte de projection à l'extérieur pendant la vision normale est un contre-sens invraisemblable qui ne peut plus expliquer et justifier la projection de l'image consécutive.

3° Enfin, si nous ne percevons plus les *actions des corps*, mais uniquement les *réactions du moi*, réactions d'une sensibilité variable avec les âges, les tempéraments, les individus et les espèces, nous sommes enfermés dans le sujet et le subjectivisme sans en pouvoir logiquement sortir, puisque toutes nos idées claires ne prouvent que des objets *possibles* et non des objets *réels ;* et que tous nos raisonnements tourneraient fatalement dans un cercle *d'idées possibles* dont nous ne pourrions jamais contrôler la ressemblance avec les réalités extérieures. Nous voilà conduits par une logique impitoyable à la subjectivité et à la relativité absolue de nos connaissances. Désormais l'évidence n'est plus qu'une affaire de sensibilité, de tempérament, d'organisation; la vérité n'existe plus, mais elle est dans un changement et un perpétuel devenir !...

Pour échapper à cet abîme du scepticisme, il n'y a plus qu'un seul moyen ou plutôt qu'un seul expédient. C'est un appel désespéré au bon sens ! un acte de foi aveugle dans la véracité de notre esprit !... Tantôt cet acte de foi est explicitement avoué : « Contemplez l'ordre, vous disent-ils, jetez-vous dans l'ordre! laissez-vous bercer par l'ordre, et puisque l'ordre vous a donné une intelligence qui aspire au vrai et ne veut que le vrai, laissez cette intelligence courir où l'ordre la pousse ! »

Tantôt cet acte de foi est déguisé sous des apparences scientifiques. Qu'est-ce que cette croyance des kantistes dans le « *devoir d'être honnête* », et dans la vérité des idées que ce devoir implique ; qu'est-ce que cette croyance qui s'impose et ne se prouve pas, sinon un acte de foi, un acte de bon sens ?

Tantôt enfin, il est plutôt inconscient que dissimulé. Ainsi, lorsque vous demandez à ces philosophes pourquoi le monde, la cause inconnue de nos réactions sensibles, ne serait pas spirituelle plutôt que corporelle, pourquoi elle ne serait pas cause unique au lieu d'être multiple, ils se contentent de vous répondre : « Mais c'est *incontestable!* Il y a multiplicité des corps extérieurs, il y a multiplicité des consciences humaines ; c'est incontestable ! »

— Eh ! comment le savez-vous ? Après avoir détruit scientifiquement l'évidence de la perception extérieure, n'est-ce pas un appel au simple bon sens ?...

Heureuse inconséquence qui va nous faire rentrer dans la voie d'où nous n'aurions jamais dû sortir !

En effet, un acte de foi aveugle ne saurait suffire au bon sens auquel nous venons de faire appel. Le bon sens du genre humain, croit au monde extérieur parce qu'il le touche de ses mains, qu'il le voit de ses yeux, qu'il est clair comme le jour !... La croyance invincible du bon sens, loin d'être le résultat d'une foi aveugle, est au contraire basée sur l'évidence de la perception immédiate des corps. Un acte de foi aveugle, bien loin d'être l'explication suffisante de la croyance du bon sens, n'en serait que la négation et la ruine.

Il faut donc revenir, avec le bon sens de nos pères, à l'évidence de la perception immédiate des corps, laquelle repose à son tour sur la pierre angulaire qu'Aristote et saint Thomas ont posée depuis des siècles et hors de laquelle tout édifice scientifique de la certitude a été fatalement ruineux, la théorie du moteur et du mobile, de l'acte et de la puissance.

*

En terminant, nous allons faire un aveu : c'est que nous sommes bien loin d'avoir exploré toutes les régions de notre immense sujet. Il nous resterait encore des excursions pittoresques, et des ascensions à des hauteurs que le génie d'Aristote et de saint Thomas n'a pas crues inaccessibles. Remontant dans la suite des âges la série innombrable des mobiles et des moteurs périssables, le philosophe de Stagire s'est élevé le premier d'un pas ferme et tranquille jusqu'au Moteur premier, au Moteur immobile (1). De ces hauteurs, il a presque entrevu les mystères de la création du monde ; du moins a-t-il affirmé et prouvé que l'acte précède la puissance, que tout ce qui a commencé sur la terre a dû commencer par l'acte et non par la puissance, c'est-à-dire par l'existence développée et non par un germe (2), et il a ainsi solidement barré le passage à ces théories de l'évolution à outrance qui font sortir le plus du moins et même du néant.

Quelque attrayantes que soient ces excursions, et bien d'autres encore dans les pays limitrophes des sciences mécaniques et physiques, nous devons nous arrêter aujourd'hui. Il suffirait à notre peine, si l'on rendait un témoignage sincère que le pays que nous venons de traverser est vraiment beau et fertile comme une terre que le laboureur ingrat a refusé de travailler pendant des siècles; et que si le paysage a quelques détails enveloppés dans la brume du matin et quelques bas-fonds encore obscurs, il a aussi des sommets éclatants de lumière, comme il arrive lorsque le soleil de mai commence à monter à l'horizon et qu'il s'avance vers son plein midi.

(1) Voy. Arist., *De nat. auscult.*, VIII. *Mét.*, XII.
(2) *Metaph.*, IX, c. viii.

1807. — Tours, imp. Rouillé-Ladevèze.

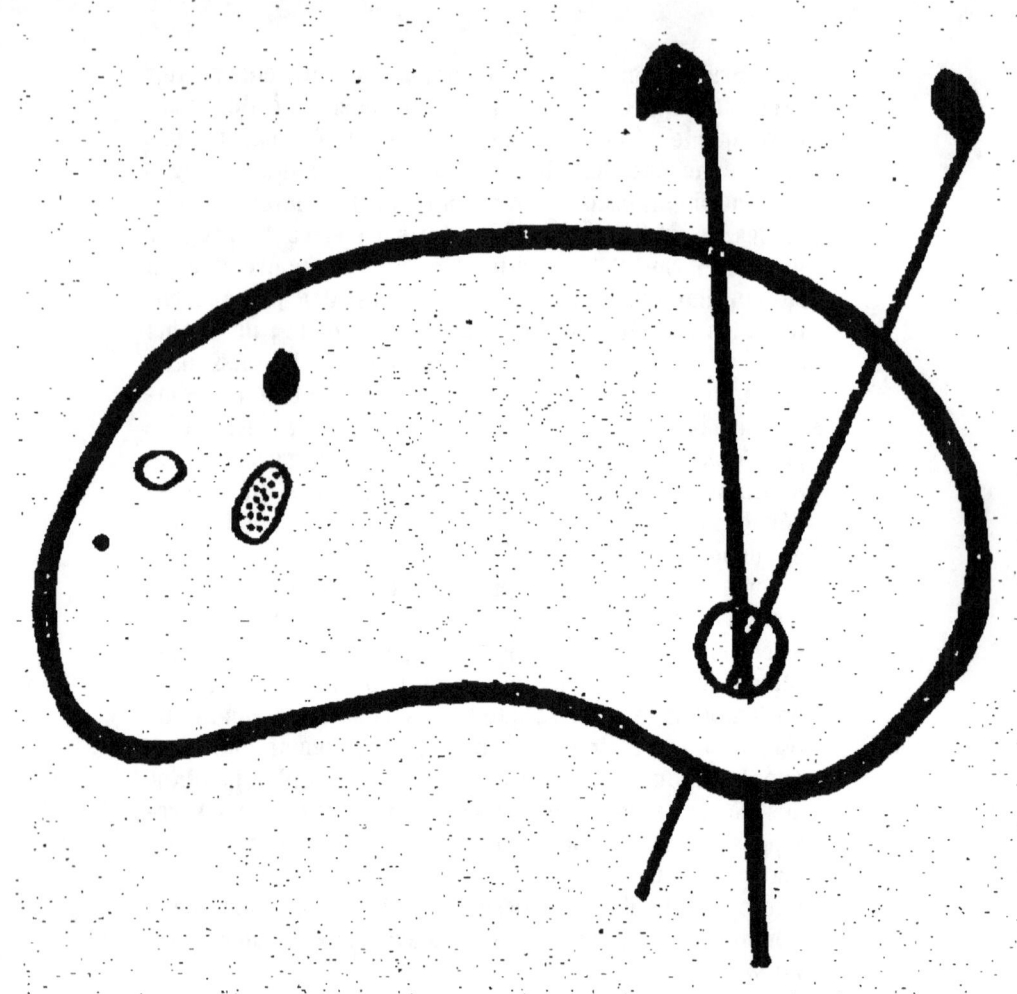

ORIGINAL EN COULEUR
NF Z 43-120-8